中等职业教育课程改革国家规划新教材配套用书

经济政治与社会学习辅导

（第3版）

主　编　丁　喆

中国财经出版传媒集团
中国财政经济出版社

图书在版编目（CIP）数据

经济政治与社会学习辅导 / 丁喆主编 .—3 版 .—北京：中国财政经济出版社，2018.8（2023.2重印）

中等职业教育课程改革国家规划新教材配套用书

ISBN 978－7－5095－8428－6

Ⅰ.①经… Ⅱ.①丁… Ⅲ.①中国经济－经济建设－中等专业学校－教学参考资料 ②政治－中国－中等专业学校－教学参考资料 Ⅳ.①F124 ②D6

中国版本图书馆 CIP 数据核字（2018）第 178530 号

责任编辑：王 芳　　责任校对：杨瑞琦
封面设计：陈宇琰　　版式设计：中文天地

中国财政经济出版社 出版

URL: http: // www.cfeph.cn

E-mail: jiaoyu@cfeph.cn

社址：北京市海淀区阜成路甲 28 号 邮政编码：100142

营销中心电话：010-88191537 北京财经书店电话：64033436 84041336

北京时捷印刷有限公司印刷 各地新华书店经销

787×1092 毫米 16 开 11.75 印张 207 000 字

2018 年 9 月第 3 版 2023 年 2 月北京第 10 次印刷

定价：27.00 元

ISBN 978-7-5095-8428-6

（图书出现印装问题，本社负责调换）

本社质量投诉电话：010-88190744

打击盗版举报热线：010-88191661 QQ：2242791300

第 3 版前言

为全面贯彻落实党的十九大精神，将习近平新时代中国特色社会主义思想落实、体现到教材中，我们在《经济政治与社会（第 2 版）》的基础上，认真研读党的十九大报告和宪法修正案精神，编写了中等职业教育课程改革国家规划新教材《经济政治与社会（第 3 版）》，经过教育部德育工作委员会审定，供中等职业学校教学使用。

本书是与《经济政治与社会（第 3 版）》相配套的学习辅导书，由北京市中职德育与学生管理研究会副秘书长丁喆担任本书主编，王雪梅担任副主编。具体分工如下：丁喆编写第一单元；王雪梅编写第二单元；杨辉编写第三单元；王恩编写第四单元，王瑾、杜亚玲编写第五单元。本书的内容与教材的内容平行，紧扣教材，以全面培养同学们的学习能力、提高同学们的综合素质为目的，便于同学们自学。

本书每课均设置了“目标点击”“知识导航”“自主探究”和“实践营地”四个板块，每个板块各具特色，相辅相成。

目标点击和知识导航：列明本课需要完成的教学任务与要求，旨在帮助、引导同学们学习和领会基本知识和理论要点，对教材的知识要点进行梳理。

自主探究：紧扣教材知识要点，精心设计同步训练题，可作为同学们检测本课学习质量的一份试卷。题型包括：选一选、想一想、填一填、写一写等，旨在加深同学们对相关知识的理解和巩固。

实践营地：围绕书本中已学的理论知识，让同学们结合生活中身边的事例、媒体中的信息来尝试分析和实践；培养同学们实际解决问题的能力。

由于本书内容涉及较广，加之时间仓促，书中难免存在不足之处，恳请广大读者提出修改建议，以便我们在以后的修订中加以完善。

编　者

2018 年 7 月

目录
CONTENTS

第1课 商品的交换与消费

目标点击

1. 认知：了解马克思主义商品货币理论，理解有关商品交换、消费的基本知识，理解价值规律的内容和作用、把握货币的本质和基本职能。掌握有关消费心理的基本知识。

2. 态度：破除拜金主义思想倾向，树立正确的金钱观。培养珍惜劳动成果的情感。

3. 运用：学会用信用工具，培养在消费中量入为出、适度消费，结构合理、协调消费，保护环境、绿色消费、勤俭节约、艰苦奋斗等习惯。

知识导航

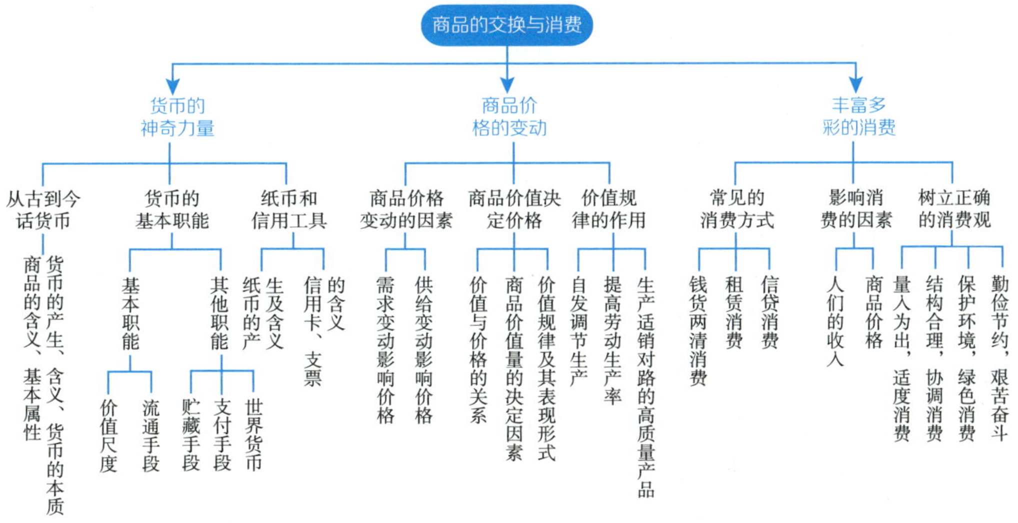

自主探究

选一选

1．下列物品属于商品的是（　）。

①王阿姨昨天买来、现穿在身上的皮鞋　②某校组织捐赠给灾区的学习用品

③百货商店正在打折处理的电脑　④流水线上生产的汽车零部件

⑤网上正在销售的二手书籍　⑥刘某自制自玩的飞机模型

A. ①②⑤　　B. ②③⑤　　C. ③④⑤　　D. ③④⑥

2．中国人民银行发行2016年二十国集团杭州峰会金银纪念币一套。该纪念币面额50元。这里的“50元”执行的货币的职能是（　）。

A. 支付手段　　B. 价值尺度

C. 流通手段　　D. 贮藏手段

3．商品交换表面上是物与物的交换，其实质是（　）。

A. 货币交换

B. 劳动者之间的等量劳动交换

C. 等价交换

D. 商品流通

4．我们在购买商品时往往会“货比三家”，最终会购买“物美价廉”的商品。这表明（　）。

A. 商品的质量决定商品的价格

B. 追求“物美价廉”是人们生活的目标

C. 商品是使用价值与价值的统一体

D. 商品的使用价值与价值成反比关系

5．12月25日圣诞节到来之际，国内许多超市和水果店的苹果傍上平安夜，化身“平安果”，销量大增，平时2元/个的苹果价格涨到10元/个。下列对苹果在平安夜价格大幅上涨的原因分析，正确的有（　）。

①苹果的生产成本大幅提高　②市场上的供求状况发生了变化

③苹果的使用价值增加是决定性因素　④商家借机炒作以谋取利润

A. ①②　　B. ②④　　C. ①③　　D. ③④

6. 市场上商品的价格一般是上下波动的，这种经济现象（　）。

A. 否认了价值规律的客观存在

B. 是价值规律发挥失效的表现

C. 是价值规律自身的表现形式

D. 说明商品价格是由市场供求关系决定的

7. “天猫双 11”早已从中国人的购物狂欢节变成了全球人民的狂欢节，而支撑着全球“买买买”的正是支付宝搭建的“全球付”网络。2017 年天猫双 11 再次创造了多个纪录，在所有订单当中，近 90% 的用户使用了移动支付方式来支付货款。下列关于移动支付说法正确的是（　）。

①移动支付规模的扩大会导致流通中货币供应量增多

②移动支付过程中货币履行的是流通手段职能

③移动支付的快速发展有利于优化我国居民消费结构

④移动支付会降低现金交易风险，更加便捷、高效

A. ①②　　B. ②④　　C. ①③　　D. ③④

8. 为应对棉花价格上涨，不少纺织企业在生产过程中，在主动减少棉纺织品使用量的同时，增加了粘胶纤维、涤纶纤维的使用量。这主要说明价格的变动会促使企业（　）。

A. 调节产量　　B. 提高产品质量

C. 调节生产要素的投入　　D. 提高劳动生产率

9. 国家统计局 2017 年 10 月公布数据表明，2017 年上半年居民人均可支配收入同比实际增长 7.3%，农村居民人均可支配收入增速高于城镇居民，城乡居民收入差距继续缩小。根据这一趋势可推断（　）。

①城乡恩格尔系数逐年提高　②社会总体消费水平不断提高

③劳动者对服务业需求不断上升　④城乡居民生活成本呈下降趋势

A. ①②　　B. ①④　　C. ②③　　D. ③④

10. 目前中国消费者已成为世界上最大的奢侈品消费群体，约占世界奢侈品购买总数的 35%。国内一些人对洋品牌一见钟情，对国内品牌不屑一顾，认为外国的产品就是比中国的强。国外一些厂商利用中国消费者盲目崇洋“买贵不买贱”的心理大赚一笔。对此，我们应当（　）。

①培育求实心理，坚持理性消费　②克服求异心理，坚持勤俭节约

③克服攀比心理，坚持适度消费　④坚持量入为出，逐步减少消费

A. ①②　　B. ③④　　C. ②④　　D. ①③

填一填

1. 请同学们根据教材，填写下面内容。

1. 商品的内涵：________________

商品的二因素是：________________

2. 货币的职能是指：________________

________。________和________是货币的基本职能。

3. 商品的价值是：________________

4. 价值规律的内容：________________

____

2. 请你填写货币的基本职能。

	价值尺度	流通手段
含义		
原因		
执行方式		
后果影响		

3. 请你填写价值与价格。

	含义	性质	影响因素	联系
价值				
价格				

想一想

1. 下列图示中正确反映了商品、劳动产品、物品之间关系的是哪个图？为什么？

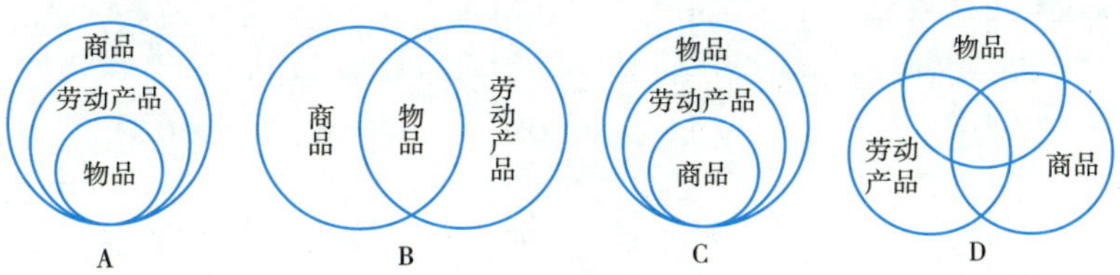

2. 根据下图说明价值规律的基本内容和表现形式是什么。

商品供过于求 → 价格下跌 → 获利减少 → 缩小生产 → 商品供不应求 → 价格上涨 → 有利可图 → 扩大生产 → 商品供过于求

图1

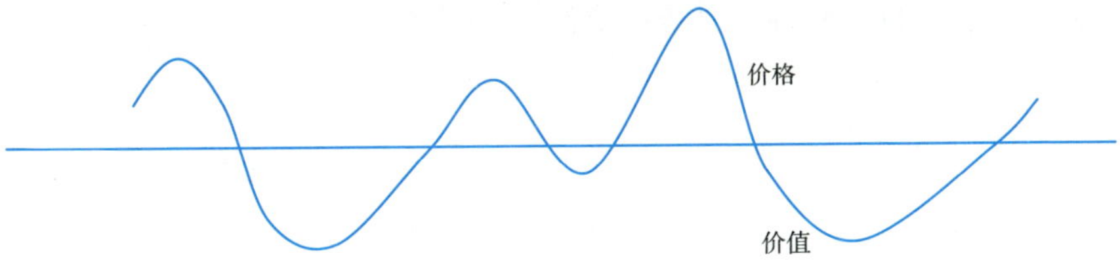

图2

3. 下面是居民小张1997年和2017年家庭收支状况（单位：万元）。请计算一下小张家1997年和2017年的恩格尔系数分别是多少。这一变化表明什么？

年份	家庭收入	食品支出	服装支出	教育支出	其他消费	银行储蓄	恩格尔系数
1997	3	1	0.5	0.4	0.6	0.5	
2017	20	4	2	3.3	2.7	8	

议一议

1. “打车软件”是一种智能手机应用，乘客可以便捷地通过手机发布打车信息，并立即和抢单司机直接沟通，大大提高了打车效率。通过手机打车软件预约用车收取一定费用，那么“打车软件”是否是商品？为什么？

2. 近几年，团购、秒杀、聚划算……种种刺激人们购物的营销手段无一不是打着帮人们“省钱”的旗号而来的。而事实上，人们在精打细算的同时往往把钱包的口子开得更大，钻进了一个疯狂消费的怪圈，不知不觉地成了“闲置消费”一族。请你运用经济生活知识分析“闲置消费”为什么会把省钱的初衷变成了浪费？应如何防止类似情况的发生？

3. 预计到2025年，中国10%到20%的私家车销售量将来自纯电动、混合动力和其他新能源汽车。新能源汽车制造成本低廉，预计售价3万—5万元，使用成本仅为每百千米不足10元。微型电动轿车虽然不能彰显身份，且受时速、续航里程的限制，但对于广大富裕起来的中等收入人群，特别是城市中短途出行的人群来说是比较合适的。而且电动轿车是一种绿色环保交通工具，可以显著改善城市空气质量。请你结合材料，从经济生活角度，说明新能源汽车为什么会受到消费者的青睐？

成长回眸

我学到的内容：____

____

____

我的体会和行动：____

____

____

每课评价：

自我评价：优秀　良好　中等　合格　待提高

组长评价：优秀　良好　中等　合格　待提高

老师寄语：____

____

____

实践营地

演一演

聚焦学生名牌消费

校园里，我们经常可以看到不少同学凭一时冲动购买学习和生活用品。东西买回后，又发现不是自己所需要的，因而闲置一旁；还可以看到不少同学使用发泡塑料餐盒吃饭等不健康的消费现象。

请观察日常生活中良好消费行为和不良消费行为，分成小组编写小品剧本，分析各种消费现象。各组上课进行表演，提高辨析不同消费观的能力；形成正确消费观。

小品剧本

做一做

钱币展览会

上古时代，人类过着单纯的渔牧生活。生活中的物资，一向自给自足，若有其他需要，则和他人以物易物。但是这种交换的方式非常不便，所以出现了以各式等价物作为交易的媒介，如天然海贝、铜贝、石贝、骨贝等。周朝建立了货币制度，出现了金属币，诸如布币、刀币、环钱、蚁鼻钱等；接着秦朝统一了货币，确立了方孔半两钱为统一货币。后经由两汉的五铢钱制，唐宋的通宝及纸币——飞钱（类似今日的汇票）、元明清的钞银，一直演变至纸钞、硬币，现今又出现了电子货币。

请搜集各个时代的钱币图片，用图片展示各历史时期的货币形态，做一个展板，召开一次钱币展览会。

钱币展板

信息资讯

拓展阅读

国家间千差万别的支付方式和货币体系，让大部分国家、地区的用户无法自由地跨境购物。而支付宝已经实现“全球收全球付”能力，可以服务全球两百多个国家和地区的用户，并且支持18种货币结算。每年“双11”都是见证全球新经济奇迹的时刻。这张庞大的自由贸易网络背后，是高速运转的支付宝这个全球移动支付平台，中国支付技术为世界提供了“中国方案”。在这场全社会大协同中，线上和线下，电商平台、新金融服务机构、企业、商家、物流、消费者，整个生态链条都被强大的科技创新力量所驱动所串联，成为供给侧改革”的重要力量。

推荐网站

1. 中国经济网：http://www.ce.cn

中国经济网是经济日报主办的国家重点新闻网站中唯一以经济报道为中心的综合新闻网站，每日采写大量经济新闻，同时整合国内主要媒体经济新闻及资讯，为政府部门、企业决策提供权威的参考。每天对外发布新闻信息10000条左右。

2. 经济网：http://www.ceweekly.cn

经济网是人民日报社主管主办的国内目前唯一一份以政经为主的综合经济类杂志《中国经济周刊》创办的国家一类新闻网站和专业财经类网站，输出高品质的《中国经济周刊》原创内容。

第2课 企业的生产与经营

目标点击

1. 认知：了解企业和企业的主要类型，掌握如何提高企业的经济效益，企业经营成功的主要因素等概念，理解公司经营的优胜劣汰、提高劳动者的素质等基本知识。

2. 态度：理解在市场经济规律作用下企业经营出现优胜劣汰的现象，树立竞争意识。进一步树立劳动光荣的观念，树立劳动者地位平等的观念，培养热爱劳动的情感。

3. 运用：正确辨析常见的经济现象，弘扬劳模精神和工匠精神，以实际行动提高思想道德素质，提高专业技能素质和身体心理素质。

知识导航

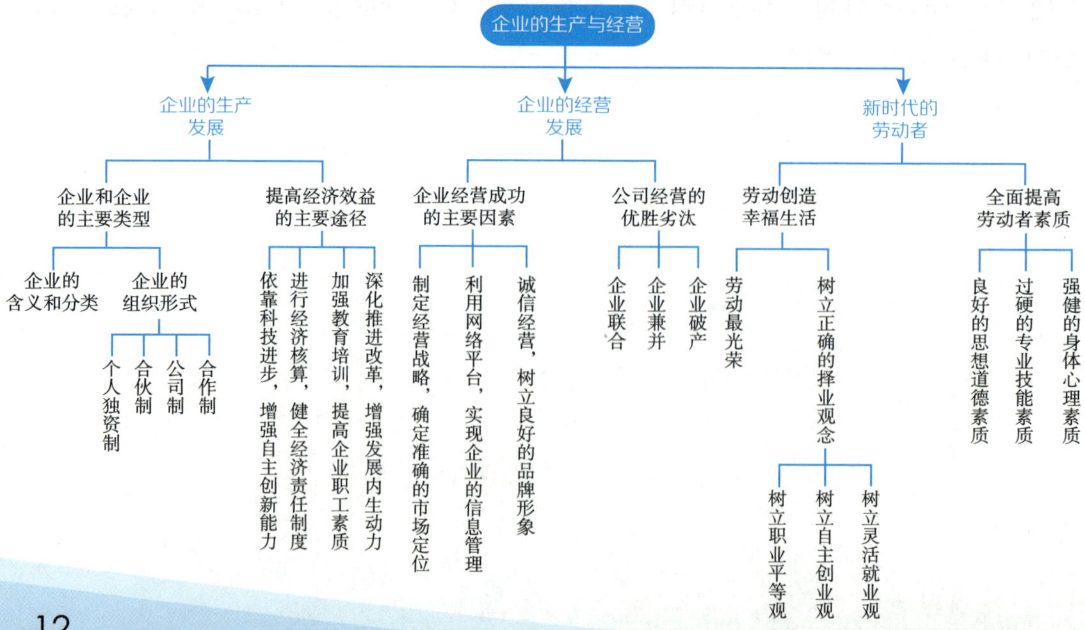

自主探究

选一选

1. 企业是从事经营活动，实行自主经营、自负盈亏、自我发展、自我约束，通常具有法人资格的经济组织。下列属于企业的是（　）。

A. 中国人民银行　　B. 中国红十字会

C. 宝钢集团　　D. 中国人民银行南京支行

2. 某集团在海外争创全球化品牌的同时，在国内抢抓“家电下乡”机遇，实施了“即需即供”的商业模式，建立了“销售到村”的营销网、“送货到门”的物流网、“服务到家”的服务网。目前，该集团“家电下乡”产品销量在全国已占到了43%的市场份额。该集团经营成功的主要因素是（　）。

①制定了正确的经营战略　②依靠科技进步，增强竞争力

③积极承担企业的社会责任　④诚信经营，树立良好企业形象

A. ①④　　B. ①③

C. ③④　　D. ②④

3. 我国对每年生成的8亿多吨秸秆的综合利用率不高，绝大部分被废弃。某企业深入研究秸秆的材质特性，运用高科技，制造以秸秆为原材料的生态环保、结实耐用的板材。产品在国内外广受欢迎。该企业之所以能取得巨大的经济效益，是因为（　）。

①依靠科技进步，增强自主创新能力

②把追求特色作为核心，实现经济效益与社会效益统一

③确定准确的市场定位，培育消费者的认知度

④进行经济核算，强化成本管理水平

A. ②③　　B. ①④

C. ②④　　D. ③④

4. 越来越多企业投身于共享单车，但是在激烈的市场竞争中，有的企业宣告倒闭或终止服务。在某共享单车企业的官方微博下，“快把我的押金退了，已经26天了”这样的留言随处可见。以下认识正确的有（　）。

①押金本意是为了解决生产者在交易中的信用问题

②押金难退反映了企业经营管理中诚信缺失

③企业倒闭破产是市场经济的正常现象

④“共享”经济未来的规模取决于投入资金的多少

A. ①②　　B. ①③　　C. ②③　　D. ③④

5. 2017年9月26日，《中共中央国务院关于营造企业家健康成长环境，弘扬优秀企业家精神更好发挥企业家作用的意见》发布，表达了党和国家对企业家阶层的充分肯定与重视。下列关于确保发挥企业家作用的认识正确的是（　）。

①企业家是市场经济活动的主要参加者

②支持企业家按劳分配

③依法保护企业家的各种合法权益

④优秀企业家要引领国有经济发展方向

A. ①②　　B. ③④　　C. ②④　　D. ①③

6. “亲，你也可以开店哦。”微店作为科技时代新产物，只需手机号码即可开通。如果说淘宝像商场，大而全，微店就像路边小店，胜在方便，它们各有市场。微店的兴起表明（　）。

A. 微店比淘宝更符合社会需求　　B. 微店代表了更高生产力水平

C. 科技进步可以促进大众创业　　D. 企业微型化是未来发展趋势

7. 在市场经济条件下，企业的兼并、破产是（　）。

A. 改善经营的需要　　B. 市场竞争的必然结果

C. 提高产品质量的需要　　D. 提高企业信誉和形象的需要

8. 5月1日是全世界劳动人民的节日，这一节日的设立是对劳动者的尊重和爱戴，这是因为（　）。

①劳动是一切有劳动能力的公民的光荣职责

②劳动是人类文明进步发展的源泉

③劳动创造幸福生活

④劳动者是生产过程的唯一主体

A. ①②　　B. ①③　　C. ②④　　D. ③④

9.“裸辞”是当前职场的一个流行语，即还没找好下家就辞职。专家认为，“裸辞”者往往没有明确的职业规划，缺乏毅力和耐心；用人单位没有为员工提供有保障的薪金和建立员工职业成长体系，员工没有归属感。这位专家的观点是要求（　）。

A. 劳动者通过多种途径实现就业

B. 劳动者坚持自主创业，减少就业竞争压力

C. 劳动者树立正确的择业观念，用人单位维护劳动者合法权益

D. 用人单位满足劳动者的各种利益诉求

10. 沈阳动车段职工教育科副科长唐云鹏，面对频繁发生后组车“跳主断”失去动力的故障，带领团队反复调查分析，找到“跳主断”在7级以上大风时，受电弓与接触网的静态压力不足的原因后，提出将标定75牛顿调高到90牛顿。他带领团队攻克了120个技术难题、填补了160项技术空白，成为名副其实的“动车工匠”。材料突出表明唐云鹏作为企业劳动者（　）。

A. 具备较高的思想政治素质　　B. 具有良好的职业道德

C. 具备良好的专业技能素质　　D. 有较强的组织领导能力

填一填

1. 请同学们根据教材，填写下面内容。

1. 企业的定义：______________________________

____

2. 企业经营战略是：______________________________

____

3. 企业提高经济效益的途径：______________________________

____

____

4. 劳动者的素质主要包括：______________________________

____

2. 填一填企业兼并、企业联合和企业破产的含义和作用。

	含义	作用
企业兼并		
企业联合		
企业破产		

3. 请填写有限责任公司和股份有限公司的内容。

	有限责任公司	股份有限公司
公司资本		
股权证明		
发起人数量		
股东表决权		
公司财务		

想一想

1. 请你将市场主体、企业、公司、股份有限公司、上市公司的关系填写在下图中，并进行说明。

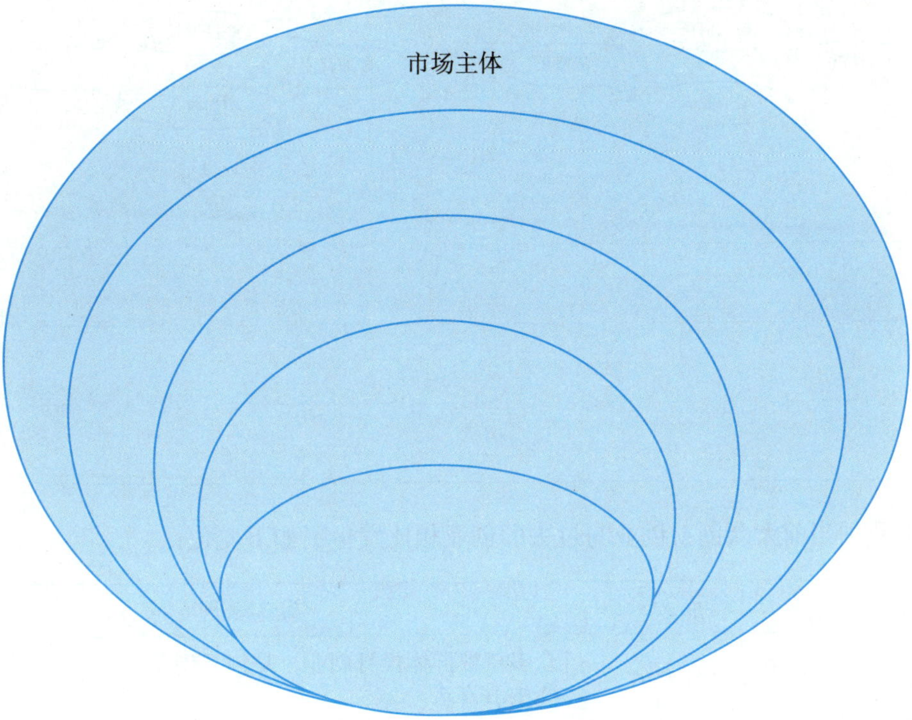

2. 就业是民生之本。从经济上说，增加就业不但可以充分利用我国丰富的劳动力资源，还能促进经济的良性循环。正确表示这种循环过程的图示是哪项？并加以解释。

A

B

C

D

3. 我国当前大众创新创业与过去的创业相比发生了如下变化：

类别	特点	具体表现
创业主体	从小众到大众	众多草根群体投身创业，是创新创业成为一种价值导向和生活方式
创业服务	从政府主导到市场发力	一大批市场化新型机构迅速成长，创业投资、互联网金融等服务快速发展，服务质量和效率大大提高
创业平台	从内部组织到开放协同	互联网、开源技术平台等的发展，有效聚集了各类创业服务机构和创业人员
创业理念	从供给导向到需求导向	社交网络联结了创业者奇思妙想与用户的个性化需求，用户体验成为创新创业的出发点
创业领域	从传统产业到新兴产业	新成员大多集中在互联网、智能制造等新兴产业、服务业及传统产业与新兴产业跨界融合之处

我们应该树立这样的创业观：

议一议

1. 目前全球汽车产业生态正在重构，许多国家纷纷调整发展战略，在新能源、智能网联产业方面加快产业布局。2017 年 9 月我国工信部制定了停止生产销售传统能源汽车的时间表。汽车生产厂家为赢得新能源汽车市场，根据消费者购车时最关注的安全性能、价格及电池问题，全力打造“关爱就在细微处”的核心服务理念；增加经费，加大节能减排、自主创新力度；调整本企业的生产经营，致力于生产老百姓买得起的好车。

针对传统能源汽车即将停止生产销售，请你运用企业经营的相关知识，谈谈厂家应对措施有哪些？假如你是汽车生产企业的企划部工作人员，请你为新能源汽车发展设计两句广告语。

应对措施：______________________________

____

____

广告语：______________________________

____

2. 工匠精神是指工匠对自己的产品精雕细琢，追求完美和极致，对精品有着执着的坚持和追求，精益求精的理念。党的十九大报告指出：建设知识型、技能型、创新型劳动者大军，弘扬劳模精神和工匠精神，营造劳动光荣的社会风尚和精益求精的敬业风气。新时代工匠精神更加注重产品的突破性和创新性，拥有“工匠精神”的劳动者，能够在制造中不断改进工艺、追求极致，成为整个国家迈向制造业强国的坚实人才基础。请你结合材料谈谈工匠精神推动“中国制造”成为“优质制造”的作用，以及从个人的层面，如何培育和弘扬“工匠精神”。

作用：________________

____

____

____

如何培育和弘扬“工匠精神”：________________

____

____

____

3. 当前，沿海经济发达地区出现了“用工荒”，对专业技师的需求量是供给量的3.2倍。一家大工厂招收开机床的工人，开出200元一天的工资，但是要求能看懂机床构造图。由于劳务市场上没几个人能看懂，所以招不到工人。“90后”小王在一家玩具厂做生产工人，半年后她顶不住车间的高温和长时间加班，辞职回家。结合材料，请你简要分析“用工荒”的形成原因。并从新时代劳动者的角度，为小王顺利就业出谋划策。

“用工荒”形成原因：________________

____

____

____

给小王的建议：

成长回眸

我学到的内容：

我的体会和行动：

每课评价：

自我评价：优秀　良好　中等　合格　待提高

组长评价：优秀　良好　中等　合格　待提高

老师寄语：

实践营地

做一做

企业形象设计

采访学校周围的小商店、小饭馆。在众多店铺中，选择一个诚信经营、产品质量好的店铺，了解店铺的宗旨和文化，搜集相关参考资料，讨论确定店铺图标 logo 设计方案。

用相关软件设计出代表店铺形象的图标 logo；进行交流，并选出最佳企业形象设计。

图标 logo 设计

设计理念：________________

（logo图标）

练一练

创业（商业）计划书

为了更好地培养同学们的创业意识，提高就业创业技能，结合学习企业的生产与经营知识，以创业计划小组为单位撰写创业项目可行性方案。团队应在广泛进行市场调研、认真进行可行性分析的基础上，完成一份把产品或服务推向市场的完整、具体、具有可实施性的创业（商业）计划书。

创业项目的投资预算要合理、可转化性强。计划书内容包括：项目背景、市场机会、发展战略、市场营销、生产管理、财务分析、管理体系、风险评估等。

创业（商业）计划书

信息资讯

拓展阅读

世界各国的发展经验表明，一个国家要强大，就必须注重实体经济。正如习近平同志所指出的：“不论经济发展到什么时候，实体经济都是我国经济发展、在国际经济竞争中赢得主动的根基。”实体经济的发展直接关系到国民经济的发展与国际竞争力的提高。当前，在我国工业的全部 22 个大类中，纺织品、电力装备、交通工具等七大类行业规模名列全球第一，中国已成为全球制造业第一大国。虽然我国是制造业大国，生产的产品行销全世界，但我国长期处于全球产业链的中低端，产品附加值普遍不高。以苹果手机为例，产品的研发设计在美国，核心部件来自德国、韩国和日本等国，最后组装在中国。有人估算，一部苹果手机总价值中，仅有 1.8% 来自中国。加快传统产业优化升级、迈向全球价值链中高端，是我国从制造大国走向制造强国的必由之路。

京东方，是近年来世界液晶显示屏行业的一匹黑马。这家公司原来在全球市场上名不见经传，经过十多年的持续努力，已经成长为行业的“领跑者”和“巨无霸”。如今，全球每 4 台平板电脑就有 1 块京东方屏，每 5 部智能手机就有 1 部使用京东方屏。我们必须瞄准国际标准提高水平，推动互联网、大数据、人工智能和实体经济深度融合，发展现代服务业，加快发展先进制造业，培育若干世界级先进制造业集群。

推荐网站

1. 中国经营网：http://www.cb.com.cn

中国经营网由中国经营报社主办，经工商管理部门批准并注册的大型经营性网站。主要内容包括：行业和企业报道、经营管理报道、商务经营案例、精英才俊访谈等等。

2. 中国工会网：http://www.workercn.cn

中国工会网，简称中工网，是由中华全国总工会主管主办的以宣传报道职工、工会、企业为主的中央重点新闻网站。 它是今日中国最权威、最全面、最专业的职工问题和工会事业的新闻资讯平台；是维护职工和工会组织权益的大型服务平台。

第3课 个人的收入与理财

目标点击

1. 认知：了解税收在我国财政收入中的地位和作用；掌握我国的分配制度、税收的特征及作用；理解存款储蓄、债券、股票、商业保险的异同。

2. 态度：增强效率意识和公平意识；崇尚诚信，树立依法纳税的观念，增强自觉纳税意识。

3. 运用：学会设计家庭理财方案；积极诚信纳税，做光荣的纳税人。

知识导航

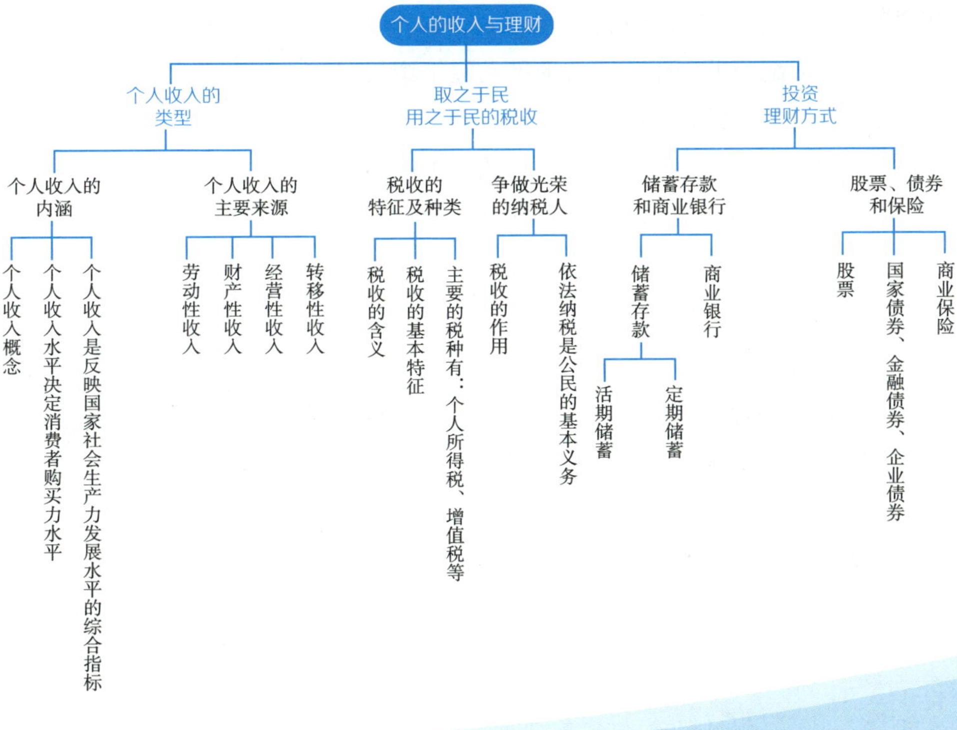

自主探究

选一选

1. 我国现阶段采取的分配制度是（　　）。

A. 按劳分配

B. 按生产要素分配

C. 以按劳分配为主体、多种分配方式并存

D. 按个体劳动者劳动成果分配

2. 王某是某国有企业高薪聘用的技术员。企业允许他以科技入股，根据企业的经济效益分红。王某的这一收入属于（　　）。

A. 按生产要素分配所得

B. 按劳分配所得

C. 按劳动要素所得

D. 按劳分配和按生产要素所得

3.《中华人民共和国国民经济和社会发展第十三个五年规划纲要》规定，要加大对革命老区、民族地区、边疆地区和困难地区的支持力度，以推动经济加快发展、让人民共享改革成果。这告诉我们（　　）。

①收入分配公平方能更有效地推动经济增长

②该规划是人民共享改革成果的基础

③共同富裕是中国特色社会主义的根本原则

④实现收入分配公平就是要实现收入的均等化

A. ①②　　　　B. ②④

C. ①③　　　　D. ③④

4. 下列对国债的认识，正确的有（　　）。

A. 国债是一种利益共享、风险共担的集合证券投资方式

B. 国债是一种规避风险的有效投资方式

C. 国债是由国家发行的，安全性好，素有金边债券之称

D. 国债的收益来源于企业利润

5. 保险是“晴天不借伞，雨天有伞撑”的投资。这说明保险（　）。

A. 是一种防范风险的投资方式

B. 是一种获取利润回报的投资方式

C. 是保障基本生活的投资方式

D. 是一种筹集分散资金的有效方式

6. 基于投资的风险，一位理财专家给工薪阶层的建议是：“理财方程式 = 50% 稳守 + 25% 稳攻 + 25% 强攻。”这一理财公式的合理之处在于（　）。

A. 兼顾投资的合法性和多样性　　B. 避免投资的风险性

C. 兼顾投资的风险性和收益性　　D. 保证收益的最大化

7. “世界上最遥远的距离，不是生与死的距离，而是我们俩一起出门，你去买苹果六代（iPhone6），我只能去买六袋苹果。”这启示国家要（　）。

A. 规范收入分配秩序，缩小收入差距

B. 保持社会总供给与总需求的平衡

C. 充分发挥市场在资源配置中的决定性作用

D. 树立正确的消费观，不盲目攀比

8. 个人所得税是国家对个人所得征收的一种税。我国征收个人所得税，主要原因在于它（　）。

A. 是国家财政收入的重要来源

B. 是调节个人收入分配、实现社会公平的有效手段

C. 能够解决收入分配不公问题，实现共同富裕

D. 具有广泛的征税范围，有利于增加财政收入

9. “你有情，我有情，依法诚信纳税献真情；你出力，我出力，促进民生发展齐努力；你受益，我受益，共享和谐社会最美丽。”这条税收宣传短信告诉我们（　）。

A. 国家税收越多越好　　B. 纳税越多权利越多

C. 税务机关必须依法征税　　D. 要自觉履行纳税义务

10. 有些商家拒绝或推诿开具发票问题突出，主要集中在餐饮服务业、停车服务业及零售服务业。商家往往以“发票已开完”、“消费金额过低”、“过期不补开发票”等不正当理由拒开发票，引起消费者的不满。商家拒开发票（　）。

A. 属于应受法律制裁的抗税行为

B. 不符合税收固定性的特征

C. 会导致国家税款不能足额入库

D. 会造成国家增值税的流失

填一填

1. 请同学们根据教材，填写下面内容。

1. 我国的分配制度：________________

2. 税收的含义及特征：________________

____

3. 储蓄存款的两种基本形式：________________

4. 股票是：________________

5. 国家债券的内涵：________________

____

2. 请你填写我国个人收入分配方式的相关内容。

	按劳分配	按个体劳动者的劳动成果分配	按生产要素分配
含义			
基本内容			
意义			

3. 请你填一填储蓄存款、债券、股票、保险四种投资方式的异同点。

比较		储蓄存款	债券	股票	保险
区别	性质				
	受益权				
	偿还方式				
	投资效益				
	风险				
共同点					

想一想

1. 下图反映了我国税收的性质和三个基本特征，请结合所学知识谈谈我们作为纳税人应如何自觉履行纳税义务。

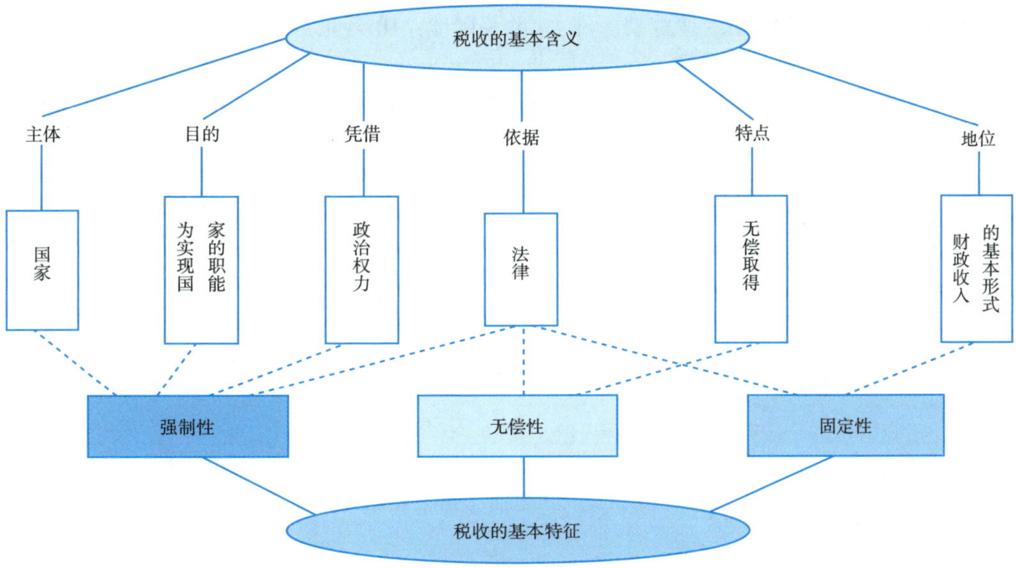

2. 小明爸爸在一家国有企业上班，每月收入 4500 元；妈妈在一家私营企业上班，每月收入 3000 元，家庭年收入 10 万元左右，扣除家庭正常生活开支，小明家年节余 3 万元左右，现有存款 40 万元。最近小明爸爸妈妈发生了一点争执：爸爸认为股市行情看好，应把钱主要投入股市，再给一家三口各买一份重大疾病保险，余下的钱可以买一辆汽车，提升家庭生活质量；妈妈则认为，小明将来要考高职学院，应该把钱存入银行，再买一些国债，不需要购买保险，因为家人都很健康。下面是小明爸爸和妈妈分别列出的家庭理财计划：

爸爸的计划		妈妈的计划	
内容	理由	内容	理由
炒股：30 万元	股市行情看好	存款：20 万元	准备支付小明上学费用
重大疾病保险：每年 8000 元	医疗费上涨	购买国债：10 万元	利率比较高
购买汽车：贷款 20 万元	提升生活质量	买小排量汽车：10 万元	经济适用，量力而行

如果你是小明，请说一说爸爸妈妈理财计划中的不足之处。你认为在投资理财时应该注意什么？

理财计划中的不足之处：

应该注意：

3. 从下面某公司股票价格图中，你对股票和股票市场有什么认识？

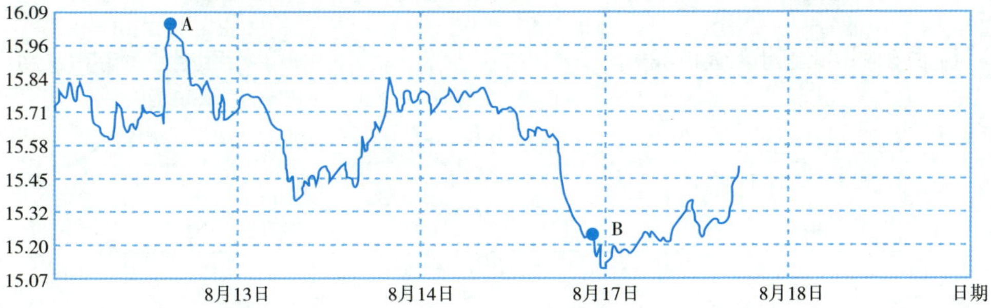

我的认识：________________

____

____

____

议一议

1. 小吴的爸爸是一家国有企业的总工程师，月月有工资，年终有奖金；妈妈在一家外资企业做财务工作，去年增加了工资；姑姑是农民，除了承包集体土地种植蔬菜外，兼营蔬菜收购和运输，收入也有所增长；二叔开了家个体杂货店，虽然忙些累些，可收入不少；三叔与他人合办了一家服装厂，自己直接经营，去年税后收入比小吴爸爸妈妈的收入总合还高出一倍。小吴的亲戚们主要按什么方式取得的收入？上述材料反映了我国目前收入分配方式有什么特点？

小吴亲戚们取得收入的方式：________________

____

____

____

____

我国目前收入分配方式的特点：________________

____

____

2. 某公司原是一家效益很好的企业，后来，公司分配向高层管理人员倾斜，一线工人的年收入不足高层管理人员的十分之一。拉大的收入差距导致双方关系紧张，工人的工作积极性低下，优秀工人纷纷跳槽。新的领导上任后，积极改革不合理的公司分配制度，大幅度提高一线工人的劳动报酬。从此，企业内部的关系又变得和谐了，工人的工作积极性高涨，纷纷为公司的发展献计献策，公司又红火起来。运用所学知识，谈一谈公司为什么又红火起来。

____

____

____

____

3. 职校生张晓红听说因为中国人吃西餐都不习惯要发票，外资在中国开的一些餐厅会少缴许多税。从此以后，张晓红经常和她的同学利用假日到街上做义务宣传，提醒客人要索取发票。

请你结合张晓红的做法，议一议税收的重要意义。

成长回眸

我学到的内容：

我的体会和行动：

每课评价：

自我评价：优秀 良好 中等 合格 待提高

组长评价：优秀 良好 中等 合格 待提高

老师寄语：

实践营地

辩一辩

“校园网贷风险防范”宣讲会

一些网络借贷平台以“借钱不怕坑，还款不用愁”、“零门槛，无抵押”等虚假口号诱骗在校学生透支信用、盲目消费。为提高同学们的风险防范意识，远离网贷陷阱，学校特地召开“校园网贷风险防范”宣讲会。

搜集有关校园网贷的案例，提高同学们对校园网贷的认识，写出增强网贷风险防范意识宣讲稿。

宣讲稿

访一访

银行体验之旅

以小组为单位到学校附近的银行走访，通过体验了解银行的相关职能，掌握储蓄存款、债券、股票、保险知识，向理财经理咨询理财产品，培养理财兴趣和理财理念。

根据人生少年期、青年期、壮年期和老年期，写出适合自己的人生各阶段的理财方案。

人生各阶段的理财方案

少年期：________________

____

____

青年期：________________

____

____

壮年期：________________

____

____

老年期：________________

____

____

信息资讯

拓展阅读

带领人民创造和谐美好生活，是我们党始终不渝的奋斗目标。党的十九大报告作出重大政治判断：我国社会主要矛盾已经转化为人民日益增长的美好生活需要和不平衡不充分的发展之间的矛盾。解决发展不平衡不充分的问题，既要坚持发展，做大蛋糕，也要解决好发展的均衡性，分好蛋糕。“让改革发展成果更多更公平惠及全体人民”，需要加大再分配力度，提高再分配效率，增强再分配与初次分配之间的协调性。首先，继续深化收入分配制度改革，调节收入分配，通过法律手段和改革措施着眼于保护合法收入，规范隐性收入，遏制以权力、行政垄断等非市场因素获取收入，取缔非法收入。坚持在经济增长的同时实现居民收入同步增长、在劳动生产率提高的同时实现劳动报酬同步提高。提高人民收入水平的着力点是增加低收入者收入，调节过高收入，扩大中等收入群体，形成稳定的橄榄型社会结构。其次，主要通过基本公共服务均等化、社会政策托底、保护弱势群体等方式保障基本民生，抓住人民最关心最直接最现实的利益问题，把做到幼有所育、学有所教、劳有所得、病有所医、老有所养、住有所居、弱有所扶作为工作的出发点和落脚点，不断满足人民日益增长的美好生活需要，不断促进社会公平正义，形成有效的社会治理、良好的社会秩序。

推荐网站

1. 国家税务总局：http://www.chinatax.gov.cn

国家税务总局官方网站，第一时间发布税务新闻和税收政策，为纳税人和社会公众提供办税指南、涉税查询、纳税咨询等权威信息与服务。未来将建设成为社会公众、纳税人和税务干部提供全程、高效、便捷涉税服务的网上税务局。

2. 和讯网：http://www.hexun.com

和讯网是目前国内惟一一家同时拥有互联网新闻信息服务许可证、信息网络传播视听节目许可证及证券投资咨询资质的网站。提供股票、基金、银行、外汇、期货、保险、黄金等财经资讯和理财服务，是兼具财经资讯信息、投资理财工具及金融数据产品的价值互动平台。

第4课 我国的基本经济制度

目标点击

1. 认知：了解社会主义基本经济制度的内容、原因和确立的依据；理解多种所有制经济共同发展的原因和意义；了解社会主义初级阶段的特征和改革开放的重要意义。

2. 态度：坚定对社会主义初级阶段基本经济制度的信念；增强社会主义优越感，认识新时代社会主义根本任务，培养为社会主义经济建设奉献的观念和积极进取的意识和精神。

3. 运用：在现实生活中，能够区分出各种经济成分。能够结合事例说明，在社会主义初级阶段，公有制经济与非公有制经济完全可以在市场竞争中相互促进、共同发展。

知识导航

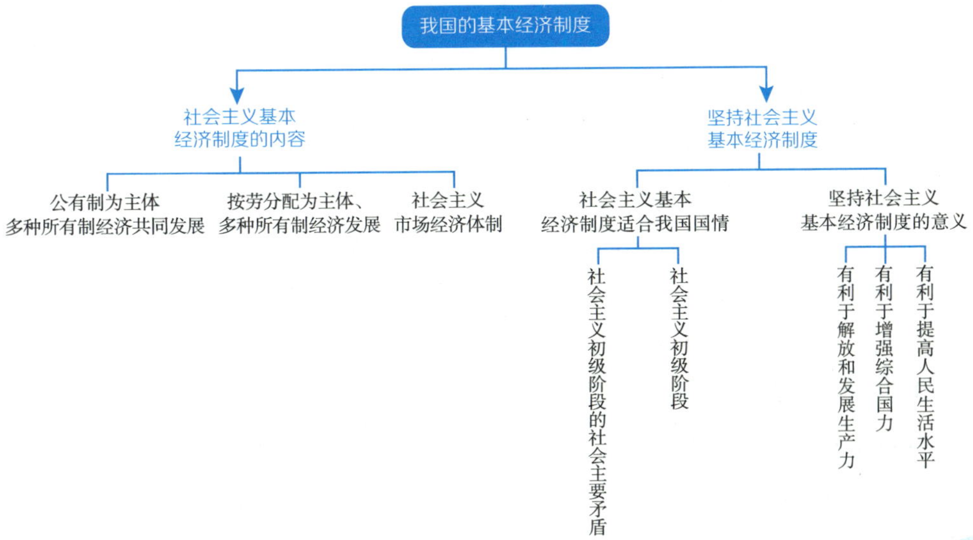

自主探究

选一选

1. 在我国的所有制结构中，公有制居于主体地位，主要体现在（　）。

①公有资产在社会总资产中占优势

②国有经济控制国民经济命脉，对经济发展起主导作用

③有助于克服个体经济力量单薄

④能增加就业岗位，提高城乡居民的生活水平

A. ①③　　B. ②④　　C. ①②　　D. ③④

2. 国有经济，即社会主义全民所有制经济，是国民经济中的主导力量。这种主导作用主要体现在（　）。

①在关系国民经济命脉的重要行业和关键领域，国有经济占支配地位

②推行公有制多种实现形式

③国有经济以整体质量和竞争力，引导和影响其他所有制经济的发展，并在国内外竞争中不断壮大

④保证公有资产在各地方、各领域中都占优势

A. ①②　　B. ①④　　C. ①③　　D. ③④

3. 现阶段，我国在坚持公有制为主体的基础上，还要大力发展非公有制经济。我国的非公有制经济主要包括（　）。

①个体经济

②私营经济

③外资经济

④混合所有制经济中的非公有成分

A. ①②③　　B. ①③④　　C. ②③④　　D. ①②③④

4. 私营经济具有不同于个体经济的本质特征，这是因为私营经济（　）。

A. 是社会主义市场经济的重要组成部分

B. 以生产资料私有和雇佣劳动为基础

C. 以取得利润为目的

D. 有利于促进和增加就业

5. 被誉为“中国创业第一城”的温州，民营经济占比高达98%。目前有185万温州人在全国各地创业，200万农业劳动力向第二、三产业转移，340万外来人员在温州就业。从材料中可以看出（ ）。

①非公有制经济是社会主义经济的重要组成部分

②发展非公有制经济有利于提高地区经济实力

③发展非公有制经济有利于增强公有制的主体地位

④发展非公有制经济是扩大就业的重要途径

A. ①②　　B. ②③

C. ③④　　D. ②④

6. 在社会主义初级阶段，我国坚持的基本经济制度是（ ）。

A. 以间接手段为主的宏观调控体系

B. 统一、开放、竞争、有序的市场体系

C. 公有制为主体、多种所有制经济共同发展

D. 合理的个人收入分配调度和社会保障制度

7. 外资经济是指外国投资者和港澳台地区投资者根据我国法律、法规，在我国大陆建立起来的经济发展形式，它包括（ ）。

①外商独资经营企业

②中外合资经营企业

③中外合作经营企业中的外商资本部分

④雇佣其他国籍员工的企业

A. ①③④　　B. ①②④

C. ①②③④　　D. ①②③

8. 我国之所以毫不动摇地鼓励、支持和引导非公有制经济健康发展，是因为（ ）。

①非公有制经济是社会主义市场经济的重要组成部分

②非公有制经济可以充分调动社会各方面的积极性、增强经济活力

③非公有制经济可以加快生产力发展

④非公有制经济可以控制国民经济命脉，对经济发展起主导作用

A. ①③④　　B. ①②④　　C. ②③④　　D. ①②③

9. 公有制经济为主体、多种所有制经济共同发展的社会主义基本经济制度，是对社会主义建设和发展规律认识的深化，对于完善社会主义生产关系，进一步解放和发展生产力具有重要意义，（　）。

①坚持社会主义基本经济制度有利于解放和发展生产力

②坚持社会主义基本经济制度有利于增强综合国力

③坚持社会主义基本经济制度有利于提高人民生活水平

④国有经济控制国民经济命脉，对经济发展起主导作用

A. ①③④　　B. ①②④　　C. ②③④　　D. ①②③

10. 社会主义基本经济制度适合我国国情是因为（　）。

①生产资料所有制关系是社会经济制度的基础，谁占有了生产资料谁就有权获得收益，保证公有制的主体地位就是让大部分生产资料归人民所有

②公有制是与社会化大生产相适应的所有制形式，为了发展生产力，必须坚持公有制的主体地位

③生产力发展具有不平衡、多层次等特点，客观上需要在公有制为主体的条件下发展多种所有制经济

④要最大程度地满足人民日益增长的美好生活需要，需要多种所有制经济成分共同发展

A. ①②③　　B. ②③④　　C. ①③④　　D. ①②③④

填一填

1. 请同学们根据教材，填写下面内容。

1. 我国社会主义初级阶段的基本经济制度：________________

2. 私营经济：________________

3. 国有经济：________________

____

4. 综合国力是：________________

____

2. 请你填写国有经济和集体经济的含义和地位。

	国有经济	集体经济
含义		
地位		

3. 请你填一填我国非公有制经济的形式和作用。

	形式	作用
个体经济		
私营经济		
外资经济		

想一想

1. 请你填一填我国社会主义基本经济制度结构图。

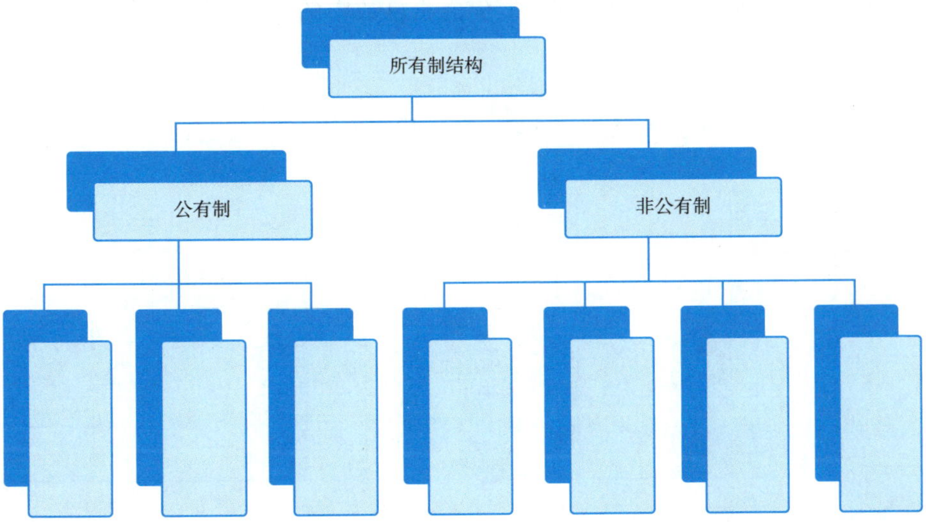

2. 根据公有制经济和非公有制经济的区别和联系，请你举例说明公有制经济和非公有制经济地位和作用。

		公有制经济	非公有制经济
区　别	形式不同	在我国社会主义初级阶段，公有制经济包括国有经济、集体经济以及混合所有制经济中的国有成分和集体成分	包括大量的个体经济、私营经济和外资经济以及混合所有制经济中的非公有成分
	地位不同	生产资料公有制是社会主义的根本经济特征，是社会主义经济制度的基础	在法律规定范围内，非公有制经济是社会主义市场经济的重要组成部分
联　系		坚持公有制为主体，促进非公有制经济发展，统一于社会主义现代化建设的进程中，不能把两者对立起来。各种所有制经济完全可以在市场竞争中发挥各自优势，相互促进，共同发展	

举例分析公有制经济地位和作用：________________________________

____

____

举例分析非公有制经济地位和作用：________________________________

____

____

3. 请你根据不同国家中，中小企业在企业总数中的比重、贡献率、就业人数情况来填写。

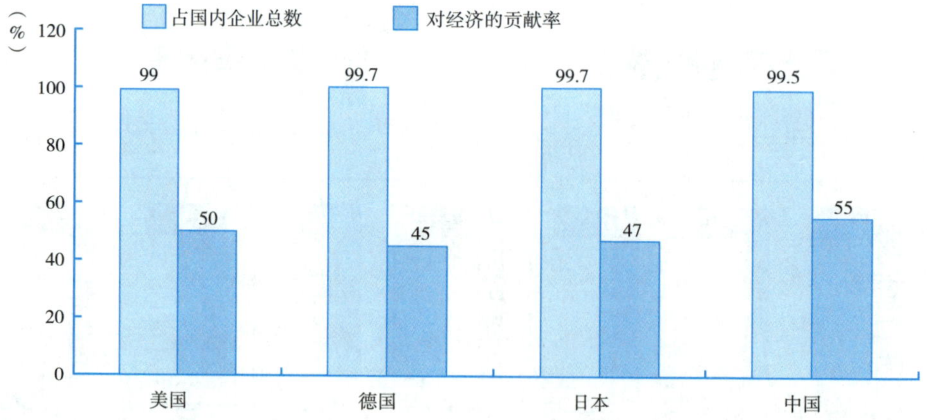

读上图可知中小企业在社会主义经济中的地位是：________________

____

我国大力支持中小企业发展的意义是：________________

____

____

议一议

1. 2016年2月25日，中国国有企业“十项改革试点”落实计划首度对外披露，国资委表示，电力、石油、天然气、铁路、民航、电信、军工等领域是国有资本相对集中的领域。在这些领域开展混合所有制改革试点示范，具有重要意义。请你结合材料和所学经济知识，谈谈什么是混合所有制经济。

____

____

____

____

2. 高铁领域，中国国企用5年时间走完发达国家40年的路；航天领域，中国国企铺就了38万公里的漫漫奔月路；能源领域，中国国企攻克煤直接液化等一系列战略储备技术，为国家能源安全未雨绸缪。结合材料谈谈我国坚持以公有制为主体，多种经济共同发展基本经济制度的意义。

3. 在分析我国社会主义初级阶段生产资料所有制结构问题时，有人以“八宝饭”为例做了形象比喻：八宝饭中糯米是主要成分，还有其他成分，如红枣、莲子、核桃、花生、红豆、砂糖等，只有把糯米和其他成分组合在一起并以糯米为主才是八宝饭。材料中的糯米代表哪种所有制经济？其他成分代表什么所有制经济？如何看待“糯米”的地位？

成长回眸

我学到的内容：______________________________

____

____

我的体会和行动：______________________________

____

____

每课评价：

自我评价：优秀 良好 中等 合格 待提高

组长评价：优秀 良好 中等 合格 待提高

老师寄语：______________________________

____

____

实践营地

做一做

规划职业生涯

明确自己的就业方向，了解应聘企业的相应经济性质和文化，应具备的专业技能、素质要求等，规划自己的职业生涯，增强目标意识和规划意识。课前分四组，将自己的规划写成交流稿，讨论自己规划的实施方式，以及自己期望在工作岗位上达到的目标。

企　业	内　容
企业名称	
企业经营状况	
企业文化及对职工要求	
我的发展目标	
我的行动计划	

查一查

企业调研

学生分成若干个学习小组，每个学习小组通过网络资源找到某个行业中具有代表性的国有企业，搜集这些国有企业的改革过程资料，从中分析我国深化国有企业改革的相关知识，并写出调研报告。

调研报告

调研的国有企业：____________________________

改革经过：____________________________

现代企业改革的方向和特征：____________________________

信息资讯

拓展阅读

公有制的主体地位，一是表现在公有资产在社会总资产中占优势，这种优势既有量的优势，又有质的优势。但这种优势是就全国整体而言。可能在某一省份、某一地区，公有资产不占优势，但不影响公有制的主体地位。二是表现在国有经济控制国民经济命脉，对经济发展起主导作用。对国民经济的控制力主要体现为关系国民经济命脉的重要行业和关键领域占支配地位，还体现在国有经济的整体质量和竞争力增强，引导和影响其他所有制经济的发展，并在国内外竞争中不断壮大。坚持公有制的主体地位，体现了我国的社会主义性质。但对公有制主体地位的理解，不能认为是公有资产在所有地区所有行业都占优势。

以公有制为主体，多种所有制经济共同发展是由我国社会主义初级阶段的国情决定的。具体来说有两方面的原因：第一，是由我国生产力状况决定的。第二，是建立和完善社会主义市场经济体制的要求。

推荐网站

1. 中国经济信息网：http://www.cei.gov.cn

中国经济信息网是国家信息中心组建的、以提供经济信息为主要业务的专业性信息服务网络。

2. 中华全国工商业联合会：http://www.acfic.org.cn

中华全国工商业联合会是中国共产党领导的面向工商界、以非公有制企业和非公有制经济人士为主体的人民团体和商会组织，为会员提供信息和服务；帮助会员开拓国内、国际市场。

第5课 社会主义市场经济

目标点击

1. 认知：了解什么是市场经济，掌握市场经济的基本特征；了解市场配置的方式、优点和不足；掌握社会主义市场经济的基本特征。

2. 态度：践行市场规则、市场道德，贯彻执行党和国家有关发展经济的方针、政策；投身社会主义市场经济，自觉增强市场经济意识。

3. 运用：通过考察了解学校所在地某种商品的供求与价格变动情况，能够说明市场机制配置资源的机理。

知识导航

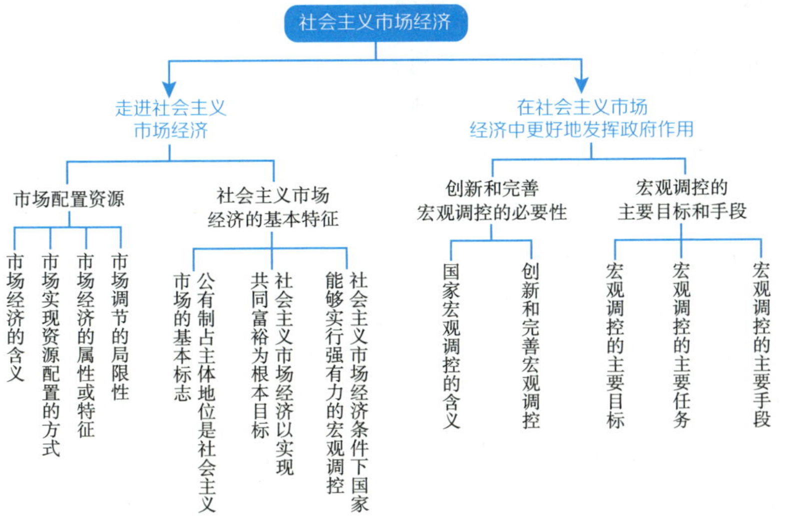

自主探究

选一选

1. 市场经济条件下，在资源配置中起基础性作用的是（　）。

A. 市场　　B. 价格

C. 供求　　D. 竞争

2. 社会主义市场经济既有市场经济的共性，又有自己的鲜明特征；既可以发挥市场经济的作用，又可以发挥社会主义的优越性。社会主义市场经济的基本特征有（　）。

①公有制占主体地位是社会主义市场经济的基本标志

②社会主义市场经济以实现共同富裕为根本目标

③社会主义市场经济相对于其他市场经济，创新和完善宏观调控的要求更为强烈

④社会主义市场经济条件下国家能够实行强有力的宏观调控

A. ①②③　　B. ①②④

C. ①③④　　D. ②③④

3. 在市场经济条件下，市场对实现资源的优化配置发挥着积极的作用。但是，市场的调节作用并不是万能的，也存在着弱点或缺陷，其中不包含（　）。

A. 自发性　　B. 盲目性　　C. 自觉性　　D. 滞后性

4. 我国经济发展中宏观调控的主要目标是（　）。

A. 保持社会总供给和社会总需求的平衡

B. 促进经济增长，增加就业，稳定物价，保持国际收支

C. 实现充分就业

D. 实现公正的收入分配平衡

5. 今后一个时期我国宏观调控的主要任务是（　）。

A. 建立能够综合协调宏观经济政策和正确运用经济杠杆的机制

B. 保持社会总需求与社会总供给在总量上和结构上的大致平衡

C. 保障劳动者的充分就业，实现劳动力资源的合理利用

D. 组织公共部门和基础设施的建设，为经济和社会发展创造条件

6. 古典经济学家斯密认为，每个人在追求仅仅是他个人的利益时，有一只看不见的手引导他去促进一种目标，而这种目标绝不是他所追求的东西。在这里，“看不见的手”发挥作用的机制是（　）。

A. 政府调控机制　　　　B. 价格、供求、竞争等机制

C. 市场准入机制　　　　D. 利益分配机制

7. 国家的宏观调控主要是通过法律手段、经济手段和行政手段来实现的，发挥宏观调控手段的总体功能，应该以（　）为主。

A. 经济手段和法律手段

B. 经济手段和行政手段

C. 法律手段和行政手段

D. 经济手段

8. 实践证明，市场作用发挥比较充分的地方，经济活力就比较强，发展态势和比较好。这表明（　）。

A. 市场机制和计划调节是不可调和的

B. 市场有及时、灵敏的特点

C. 市场经济是有效的资源配置的方式

D. 政府不能干预企业的经营活动

9. 从社会主义的经济性质来看，社会主义市场经济相对于其他市场经济，创新和完善宏观调控的要求更为强烈。具体表现在（　）。

①创新和完善宏观调控是社会化大生产发展的客观要求

②创新和完善宏观调控是发展社会主义公有制经济的客观要求

③创新和完善宏观调控是加快完善社会主义市场经济体制的客观要求

④创新和完善宏观调控是满足人们日益增长的美好生活需要与实现共同富裕目标的客观要求

A. ①③④　　B. ①②④　　C. ①②③④　　D. ①②③

10. 在社会主义市场经济条件下，市场机制和宏观调控的关系是（　）。

A. 宏观调控为主，市场机制作补充

B. 市场机制和宏观调控都对资源配置起基础性作用

C. 宏观调控和市场机制谁主谁次，由具体经济形势而定

D. 市场机制在宏观调控下对资源配置起基础性作用

填一填

1. 请同学们根据教材，填写下面内容。

1. 市场经济是____________发展的高级阶段，市场经济具有________________________的特征。市场对实现资源的优化配置发挥着积极的作用，但市场调节也存在着____________、____________、__________等缺陷。

2. 为保证市场经济健康、稳定发展，要加强国家宏观调控。国家的宏观调控主要通过____________、____________和____________来实现。

2. 请你填一填国家宏观调控的手段。

	经济手段	法律手段	行政手段
含义			
措施			

3. 请你填写下面的表格，看一看市场调节缺陷的原因和后果。

	原　因	后　果
自发性		
盲目性		
滞后性		

想一想

1. 观看下图，想一想这说明了经济的什么变化趋势，你的体会是什么？

2010—2017 年中国网络购物市场规模

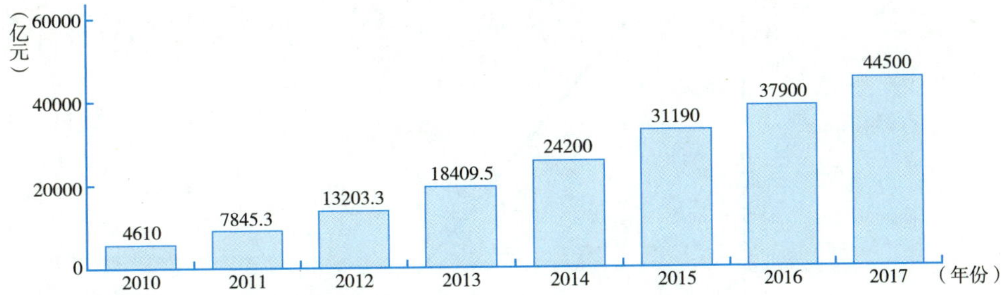

我的体会是：

2. 观察下表，请分析资源配置的计划方式和市场方式，举例说明这两种方式的优缺点。

	计划	市场
优点	能从宏观上保持经济的协调运行； 能对国民经济结构和生产力布局进行调整； 能在收入分配上兼顾公平。	能够及时、灵活地传递市场供求信息； 能够促使市场主体改善管理、改进技术，提高劳动生产率。 能够实现优胜劣汰等。
缺点	难以反映复杂多变的社会需求； 信息传递容易失真、扭曲； 容易造成市场主体缺乏活力。	市场不能万能的； 市场调节具有自发性、盲目性和滞后性等缺陷。

3. 稳定物价和增加就业是宏观调控的两大目标，但在短期内，通货膨胀率与失业率之间存在如图所示的关系。进行宏观调控，促使经济状况从 B 点向 A 点变化的经济手段都有哪些？

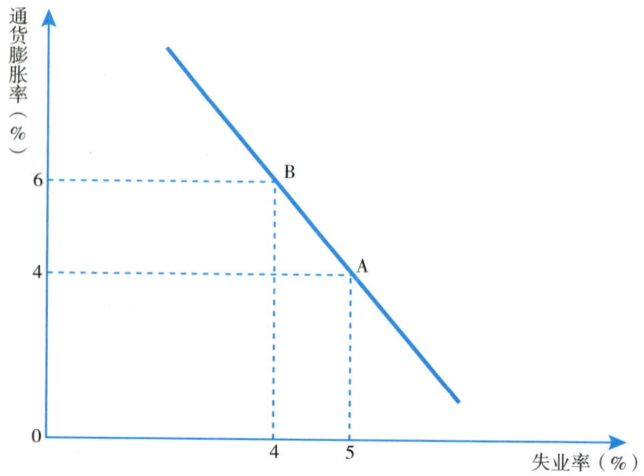

议一议

1. 在市场经济下，只讲适应市场，生产者就始终处于被动地位，而且往往跟不上市场的变化。某种农产品价格高，大家知道后就回去调整种植结构。结果是你多种，我也多种，到最后，都卖不出去，价格下跌。这种现象反映了什么问题？应该采取什么措施？

2. 互联网时代，数据是新的生产要素，建立在数据基础上的数字经济，更是创新经济、开放经济和代表未来的新经济。研究表明，数字化程度每提高10%，人均GDP增长0.5%至0.62%。据预测，2035年我国的数字经济将达16万亿美元。不久前，阿里巴巴集团与星巴克公司合作，用数字技术打造智慧门店。走进烘焙工坊，用手机“扫一扫”，不仅能看到一杯咖啡的“诞生过程”，还能加入不同场景，让平日的下午茶有了海边度假的感觉。门店也可通过数据捕捉需求，提高效率：手机按下键盘，热乎乎的豆浆就自动煮好，机器还能进行智能清洗……

请你结合材料，运用经济生活知识，说明发展数字经济的重大意义。

3. 一段时间以来，“明星代言门”事件频发。一位曾请某明星做广告的神秘知情人大揭内幕，直指其代言只关心给多少报酬，给的钱越多“吹”得越凶。虚假广告欺骗了广大消费者，引起了消费者的极大不满。

请你结合上述材料说明为什么要严惩和整治虚假广告？

成长回眸

我的体会是：

我的体会和行动：

每课评价：

自我评价：优秀 良好 中等 合格 待提高

组长评价：优秀 良好 中等 合格 待提高

老师寄语：

实践营地

谈一谈

聚焦房产经济

关注社会现象，分成小组，通过网络查找、调查问卷等方式，将国家对房地产市场进行宏观调控的措施写出来，谈一谈你对房价的看法和对国家关于房地产业的宏观调控的认识。

我的看法：

国家对房地产调控的措施：________________

____

____

做一做

食品安全问题调研

学校周边流动小吃摊存在严重的食品安全隐患。不洁净的食物对学生身体健康和生命安全构成了严重威胁。全班同学分组对学校周边流动小吃摊进行调研：设计调查问卷向各班分发问卷；统计和分析数据；把统计和分析好的数据以及以“关注食品安全，共创健康生活”为主题的宣传单发送给广大同学，期望同学们采取有效措施，共同关注食品安全问题。

宣传单

____

____

____

____

____

____

信息资讯

拓展阅读

我国市场化改革的主要经验是“选准切入点”，这是改革顺利起步的关键：家庭联产承包责任制的推行，极大地调动了农民的生产积极性，农业生产力迅速提高，不仅使农民收入增加，使农民得到实惠，而且得到了城市居民的拥护。这是中国改革波澜壮阔，但起步稳健的关键所在。

“渐进式”是改革稳步推进的基本方略：改革初期的特点是由点到面、从局部到整体循序渐进，先试点后推广，及时总结经验，在不断探索中确立改革目标。

“先增量后存量”是改革攻坚的正确路径：中国改革的独到之处是先“增量改革”后“存量改革”，即在国有经济体制外大力发展非公有制经济，以市场经济“增量”来加速推动市场主体的形成和市场机制的发育，在国有经济体制外形成一个有效竞争的市场环境，使市场力量从体制外向体制内渗透，由表及里，由浅入深，最终导向产权制度改革。

“改革与开放紧密结合”是改革取得高效率的重要条件：经验表明，一些体制弊端，仅仅从内部发起攻击难以奏效，由扩大开放带来的外部压力往往成为压垮骆驼的“最后一根稻草”。这一点可以从我国加入 WTO 后的情况观察到。成为 WTO 的正式成员国以后，我国的经济体制改革与 WTO 规则相衔接，对国内各种不利于市场机制发挥作用的体制机制进行改革的步伐明显加快，力度明显加大。

“政府主导”是改革平稳推进的重要保证：“政府主导”保证了改革的社会主义方

向，保证了我国市场化改革的有序进行。在我国市场化改革的进程中，我国政府依法执政、民主执政、科学执政的能力不断增强，组织协调能力不断提高，为改革的顺利推进提供了重要保证。

推荐网站

1. 中国市场经济研究网：http://www.cmern.com

中国市场经济研究网是中国领先市场研究综合服务平台，主要提供行业分析、市场调研、财经资讯、行业研究分析报告、市场调查报告及投资咨询报告。

2. 金融界：http://www.jrj.com.cn

金融界网站创建于 1999 年 8 月，由美国 IDG、新加坡 VERTEX 等共同投资兴建，是中国领先的金融和财经信息提供商，以及全球最大的中文财经网站之一。

第6课

小康社会的经济建设

目标点击

1. 认知：了解我国社会主义经济建设所处的时代背景和全面建成小康社会的意义；了解我国转变经济发展方式的基本思路；理解建设资源节约型和环境友好型社会的意义及经济发展奋斗目标。

2. 态度：拥护党中央关于建设中国特色农业现代化、新型工业化、区域协调和城乡发展一体化战略；正确认识和对待在小康社会建成及经济协调发展中出现的问题；树立生态文明观念。

3. 运用：结合实际，熟悉全面建成小康社会的奋斗目标所包含的内容；结合个人所掌握的信息，正确认识发展服务业和实施区域协调发展战略的必要性；爱护环境资源。

知识导航

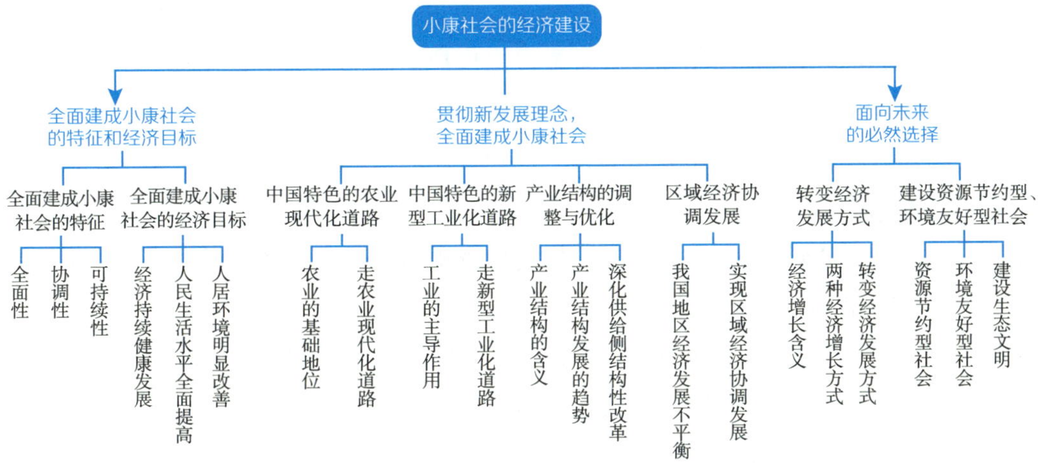

自主探究

选一选

1．全面建成小康社会的特征主要是（　　）。

A. 以人为本　　B. 发展经济

C. 全面、协调、可持续　　D. 统筹兼顾

2．中国特色的农业现代化道路（　　）。

①包括建立健全城乡融合发展体制机制和政策体系，实现城乡发展一体化

②包括实施乡村振兴战略

③包括实现农业生产方式现代化

④是支撑整个国民经济不断发展与进步的保障

A. ①②④　　B. ①②③　　C. ①③④　　D. ①②③④

3．产业结构是指国民经济各产业的组合状态以及它们之间的相互联系和比例关系。产业结构发展的趋势为（　　）。

①第一产业呈不断减少的趋势

②第二产业先是迅速增加，然后趋于稳定

③第三产业呈不断上升的趋势

④三大产业齐步向前发展

A. ①②④　　B. ①③④　　C. ②③④　　D. ①②③

4．转变经济发展方式不仅仅要使经济增长方式实现集约化，还包括促动经济发展的因素发生转变。转变经济发展方式的关键在于实现“三个转变”，即（　　）。

① 实现经济增长由主要依靠投资、出口拉动向依靠消费、投资、出口协调拉动转变

② 实现经济增长由主要依靠第二产业带动向依靠第一、第二、第三产业协同带动转变

③ 实现经济增长由主要依靠增加物质资源消耗向主要依靠科技进步、劳动者素质提高、管理创新转变，加快建设创新型国家

④ 实现转变经济发展方式，着力解决制约经济持续健康发展的重大问题

A. ①②③　　B. ①③④　　C. ①②③④　　D. ②③④

5. 要实现全面建成小康社会的奋斗目标，我们必须要做好（　）。

①西部大开发　②振兴东北老工业基地　③促进中部崛起　④东部率先发展

A. ①②③　B. ①③④　C. ①②③④　D. ②③④

6. 建设资源节约型、环境友好型社会，（　）是全社会共同的理念，也是全社会共同的责任。

A. 改善人民生活　B. 促进经济快速增长

C. 建设生态文明　D. 提高自主创新能力

7. 我国地区经济发展不平衡主要表现在（　）。

A. 需要将资源源源不断地由东部转移到西部地区

B. 经济发展存在三个不同层次的地带

C. 部分地区率先实现现代化

D. 实施西部大开发，加快区域经济发展战略

8. 在全面建设小康社会的基础上，全面建成小康社会的新的经济要求是（　）。

A. 继续深化供给侧结构性改革

B. 依靠投资、出口拉动向依靠消费、投资、出口协调拉动转变

C. 经济持续健康发展

D. 依靠资金密集型产业发展向依靠劳动密集型产业发展转变

9. 在全面建成小康社会、建设现代化经济体系的过程中，我们要继续深化供给侧结构性改革，把发展经济的着力点放在实体经济上，把（　）作为主攻方向，显著增强我国经济质量优势。

A. 加快发展先进制造业

B. 支持传统产业优化升级

C. 提高供给体系质量

D. 实现供需动态平衡

10. 工业是我国国民经济的主导，这种主导作用主要表现在（　）。

①工业是国民经济各部门进行技术改造的基础

②工业为国民经济各部门提供能源、动力和原材料

③工业是国家财政收入、出口创汇和积累资金的主要来源，是满足人民日益增长的美好生活需要的重要手段

④工业是加强国防现代化的重要条件

A. ①②③　B. ①③④　C. ①②③④　D. ②③④

填一填

1. 请同学们根据教材，填写下面内容。

1. 中国特色新型工业化道路应坚持以________带动________，以工业化促进信息化，走一条________、经济效益好、________________、人力资源优势得到充分发挥的工业化道路。

2. 产业结构发展的趋势为：第一产业________，第二产业________，第三产业________。

2. 请填写不同类型经济增长方式的内涵及后果。

	内涵	后果
粗放型		
集约型		

3. 请你结合教材内容分析如何建设资源节约型社会和环境友好型社会。

内容	含义	我的行动
资源节约型社会		
环境友好型社会		

想一想

1. 新华网与《半月谈》杂志社联合推出的“你心中的‘全面小康’什么样”调查结果如下（数据样本为23847人次，依得票高低排序）。

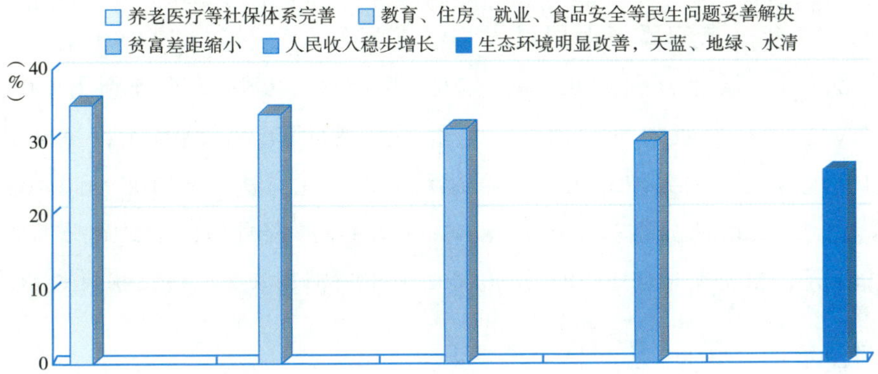

请你结合材料，运用所学知识阐明政府应该如何回应百姓的新期待：________

____

____

____

____

2. 2017年年末，全国电话用户总数16.1亿户，其中移动电话用户14.2亿户。移动电话普及率上升至102.5部/百人。固定互联网宽带接入用户3.4亿户，比上年增加5133万户，其中固定互联网光纤宽带接入用户2.9亿户，比上年增加6627万户；移动宽带用户11.3亿户，增加1.9亿户。

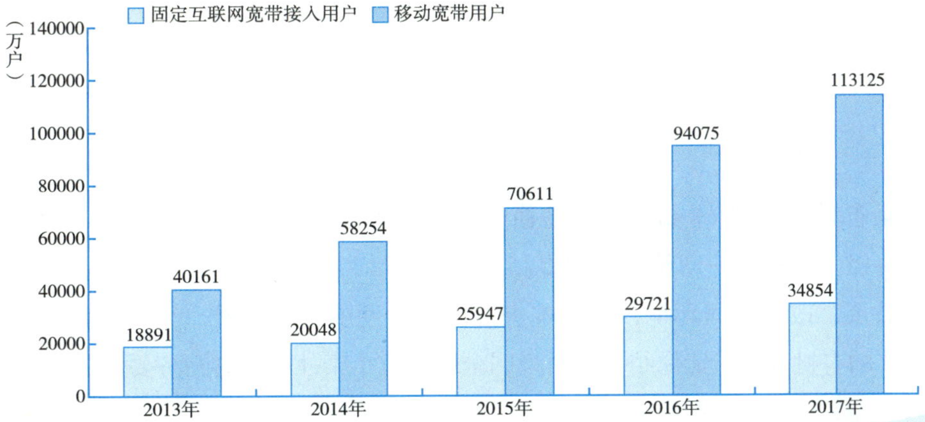

结合上述材料，请你谈一谈对我国产业结构的调整优化的认识：

3. 2017 年，京津冀三地居民人均可支配收入分别为 57230 元、37022 元和 21484 元，名义增速分别为 8.9%、8.7% 和 8.9%，实际增速分别为 6.9%、6.5% 和 7.1%，三地居民收入平稳增长，与经济发展同步。分城乡看，三地城镇居民人均可支配收入分别突破 6 万元、4 万元和 3 万元，达到 62406 元、40278 元和 30548 元，名义增速分别为 9.0%、8.5% 和 8.1%；农村居民人均可支配收入分别为 24240 元、21754 元和 12881 元，名义增速分别为 8.7%、8.4% 和 8.1%。

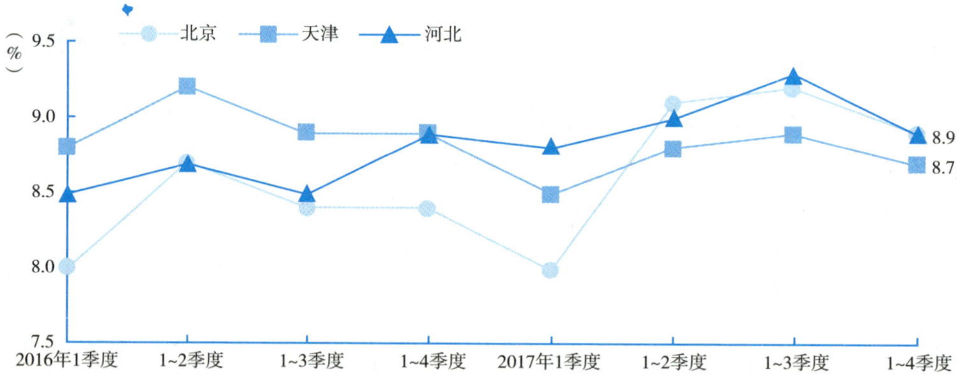

请你根据以上数据谈谈对京津冀协同发展战略的认识：

议一议

1. 某省政府工作报告提出：坚持稳中求进、改革创新，以全面深化改革为突破口，着力保持经济平稳较快增长，着力提高发展的质量和效益，着力保障和改善民生，强化产业发展，改善人居环境，全力推进我省科学发展跨越发展，努力实现“百姓富、生态美”的有机统一。请你结合材料说明全面建成小康社会新的经济要求是什么？

2. 某市贯彻落实党的十九大精神，提出以下具体措施：完善“三权”分配改革，保持土地承包经营权有序转让；发展现代产业，以休闲农业、乡村旅游、农村电商等新产业为引领，着力构建现代农业产业体系、生产体系、经营体系；推进农民职业技能培训、城乡义务教育一体化发展等城乡基本公共服务均等化；优化配置机制，推动要素资源在城乡之间的大流动、大整合。请你结合材料，谈一谈如何实现中国特色的农业现代化。

3. 经过几十年的快速发展，我国制造业规模跃居世界领先地位，建成了门类齐全、独立完整的产业体系，有力推动了工业化和现代化进程，显著增强综合国力，支撑我大国地位。然而，与世界先进水平相比，我国制造业仍然大而不强，在自主创新能力、资源利用效率、产业结构水平、信息化程度、质量效益等方面与发达国家差距明显，转型升级和跨越发展的任务紧迫而艰巨。

请你结合材料，运用所学知识议一议中国工业应走什么道路？

成长回眸

我学到的内容：

我的体会和行动：

每课评价：

自我评价：优秀　良好　中等　合格　待提高

组长评价：优秀　良好　中等　合格　待提高

老师寄语：

实践营地

做一做

环境保护活动方案

开展环保主题活动，号召各方积极参与环保，力争引领每个人牢固树立生态文明观念，从身边的环保小事做起，建设资源节约型社会、环境友好型社会。

分组制定环境保护活动方案，课后深入到社区、企业、学校、医院等，发放宣传资料，开展环境保护活动。

环境保护活动方案

环保主题活动意义：____

____

____

____

环保主题活动内容：____

____

____

____

环保主题活动分工：____

____

____

____

访一访

调查农村空心化现象

随着工业化的快速推进，农村人口尤其是青壮年大量向城镇转移，导致农村空心化现象日益严重。以小组为单位到学校附近的农村走访，了解农村空心化现象，写出调研报告，为解决好农村空心化问题提出建议。

调研报告

____

____

____

____

这一现状的原因：______________________________

____

____

____

____

针对这一现状的建议：______________________________

____

____

____

____

信息资讯

拓展阅读

建设现代化经济体系，是当前我国经济发展跨越由“量”到“质”关口的迫切要求，现代化经济体系就是坚持“一条主线”，建设“一个产业体系”，构建“一套经济体制”。

“一条主线”，就是深化供给侧结构性改革。必须在已有成效的基础上，紧紧扭住深化供给侧结构性改革不松劲，把发展经济的着力点放在实体经济上，以提高供给体系质量作为主攻方向，显著增强我国经济质量优势，增强供给结构对需求结构的适应性和配套性，实现供需动态平衡。

“一个产业体系”，就是着力加快建设实体经济、科技创新、现代金融、人力资源协同发展的产业体系。实体经济是我国经济的主体，也是产业体系的根本，推动科技、资本和人力资源向实体经济聚集，协同推进我国产业体系优质高效发展。

“一套经济体制”，就是着力构建市场机制有效、微观主体有活力、宏观调控有度的经济体制。正确处理好政府和市场的关系，发挥好“两只手”的作用，是我国市场经济体制改革的核心问题。目的就是要加快完善社会主义市场经济体制，使市场在资源配置中起决定性作用，更好发挥政府作用，破除束缚微观主体活力的障碍，从体制和机制上保障我国经济的创新力和竞争力。

推荐网站

1. 中国环境观察网：http://www.zghjgc.com.cn

中国环境观察网是集环境信息、资讯综合为一体的网络新闻媒体，旨在为环保业内领导、专家、企业精英、新闻工作者提供研究和交流平台。

2. 中国雄安网：http://www.xiongan.gov.cn

中国雄安网是由中共河北雄安新区工作委员会、河北雄安新区管理委员会主办、由新华网承办的中国雄安新区官网。

第7课
对外开放的基本国策

目标点击

1. 认知：了解经济全球化形成的原因和主要表现，坚持对外开放基本国策的必要性。了解我国实行对外开放的必要性、提高开放型经济水平的意义，理解发展对外经济关系的原则。

2. 态度：懂得当今世界是开放的世界，既要善于学习各个国家、民族的优秀成果，又要大力弘扬中华民族的优秀传统，自觉抵制资产阶级腐朽思想和生活方式的侵蚀。

3. 运用：能举例说明经济全球化的主要表现以及经济全球化对世界各国经济的主要影响。通过实例说明在对外经济活动中必须维护国家利益，坚持独立自主、自力更生的原则。在实践中体验发展对外关系的重大意义。

知识导航

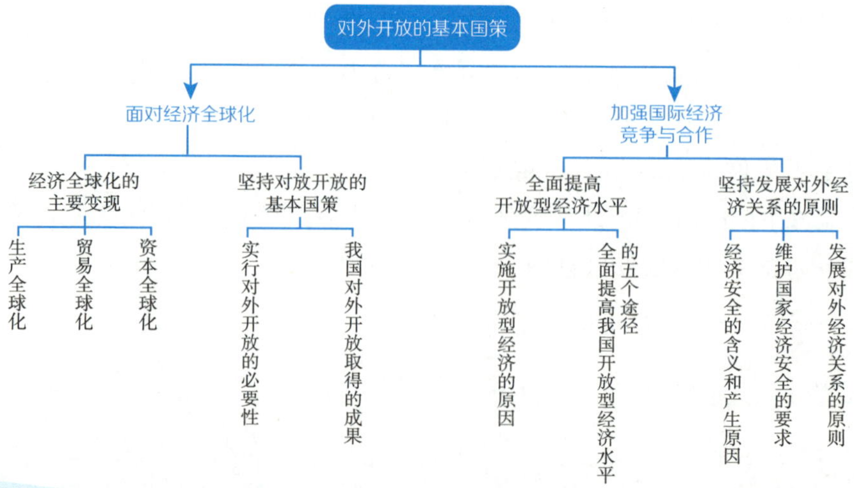

自主探究

选一选

1．当今世界是开放的世界，中国的发展离不开世界，世界的发展也需要中国，（　）已经成为一个世界性的潮流。

A. 建设“地球村”　　B. 高速发展模式

C. 对外开放　　D. 经济全球化

2．为了全面提高我国开放型经济水平，要做到以下几个方面（　）。

① 加快转变对外经济发展方式，推动开放朝着优化结构、拓展深度、提高效益方向转变

② 创新开放模式，促进沿海内陆沿边开放优势互补

③ 坚持出口和进口并重，强化贸易政策和产业政策协调

④ 推动形成全面开放新格局

A. ①②③　　B. ①③④

C. ②③④　　D. ①②③④

3．通过实行（　），为我国现代化建设积累了资金，推动了技术创新，扩大了劳动就业，促进了经济发展。

A. 对外贸易　　B. 经济全球化

C. 实施多元化的开放战略　　D. 开放型经济发展

4．2017年11月，习近平主席出席亚太经合组织工商领导人峰会并发表主旨演讲指出：亚太是全球经济最大的板块，要继续加强互联互通，实现联动发展。我们要以亚太经合组织互联互通蓝图为指引，建立全方位、多层次、复合型的亚太互联互通网络，充分发挥互联互通对实体经济的辐射和带动作用，形成协调联动发展的格局。由此可知（　）。

①双边合作是中国推动地区发展机制的主要方式

②中国逐步成为协调亚太地区各国间安全事务的中心

③中国积极推动形成适应本地区特点和需要的发展格局

④中国坚持走和平发展道路，积极开展睦邻友好合作

A. ①②　　B. ①③　　C. ②④　　D. ③④

5．在经济全球化的趋势下，发展（　）经济已成为世界各国的主流选择。

A. 独立型　　B. 粗放型

C. 开放型　　D. 集约型

6．对外开放是我国积极开展国际交流的对外政策，开展国际交流，包括经济、政治、文化、体育等许多方面，其中最主要的是（　）。

A. 对外经济关系　　B. 对外政治关系

C. 对外文化交流　　D. 对外体育交流

7．对外开放是积极开展国际交流的对外政策，我国实行对外开放的必要性在于（　）。

①实行对外开放是适应生产社会化特别是经济全球化的客观要求

②实行对外开放是发展市场经济的内在要求

③实行对外开放是加快现代化建设步伐的要求

④实行加快转变对外经济发展方式，优化进出口结构要求

A. ①②③　　B. ①③④

C. ①②④　　D. ①②③④

8．美国福特公司设计的莱曼汽车，设计在德国，制动装置制造在韩国，燃油泵生产在美国，自动驱动器生产在加拿大，发动机生产在澳大利亚……一部整车的生产从设计到装配涉及8个国家，这反映了（　）。

A. 生产全球化　　B. 资本全球化

C. 贸易全球化　　D. 区域集团化

9．在对外开放中，经济安全涉及国家的整体利益和长远利益，关系国家经济主权的独立和民族经济的发展。经济安全产生的缘由是（　）。

①国际贸易的不平等　②外资引进的不适当

③城乡发展不平衡　　④经济转变方式不恰当

A. ①②　　B. ②③

C. ①④　　D. ③④

10．美国的棒球手套大部分是从日本进口的，日本用以制造手套的牛皮是从巴西进口的，而巴西又是从美国进口生牛皮的。这种进口说明（　）。

A. 生产的国际化　　B. 资本的国际化

C. 信息传播的国际化　　D. 贸易的国际化

填一填

1. 请同学们根据教材，填写下面内容。

1. 我国对外开放的渠道和领域不断发展，逐步形成了________、________、________的对外开放格局。

2. 为适应________新形势，我国必须实行更加积极主动的开放战略，完善________、________、________的开放型经济体系。

3. 为了全面提高我国开放型经济水平，要做到以下几个方面________、________、________、________。

4. 独立自主、自力更生与对外开放相辅相成、相互促进。一方面，________。另一方面，________。

2. 请填写对经济全球化表现的认识。

	生产全球化	贸易全球化	资本全球化
含义			
表现			
共同点			

3. 结合教材内容分析我国开放型经济的特点。

	开放型经济
内含	
优势	
未来发展趋势	

想一想

1. 2017 年我国货物进出口总额 277923 亿元，比上年增长 14.2%。其中，出口 153321 亿元，增长 10.8%；进口 124602 亿元，增长 18.7%。货物进出口差额（出口减进口）28719 亿元，比上年减少 4734 亿元。

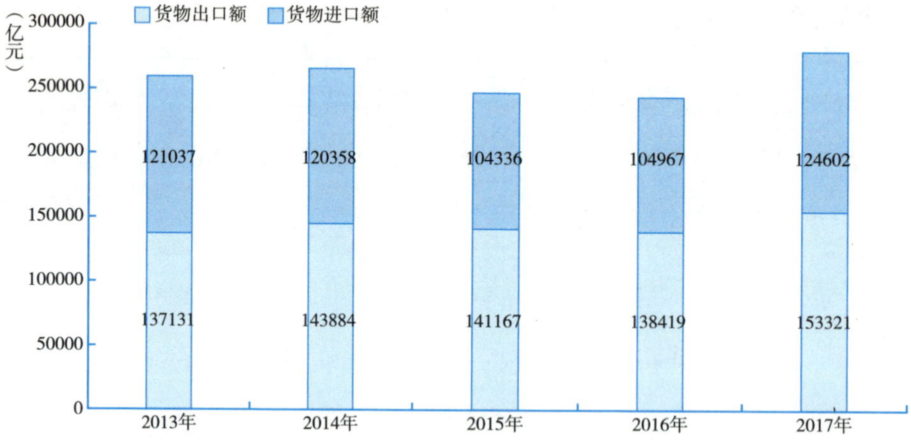

根据以上数据谈一谈我国实行对外开放的必要性：

2\. 2017年我国对“一带一路”沿线国家进出口总额73745亿元。其中，出口43045亿元，增长12.1%；进口30700亿元，增长26.8%。“一带一路”沿线国家对华直接投资新设立企业3857家，增长32.8%；对华直接投资金额374亿元。

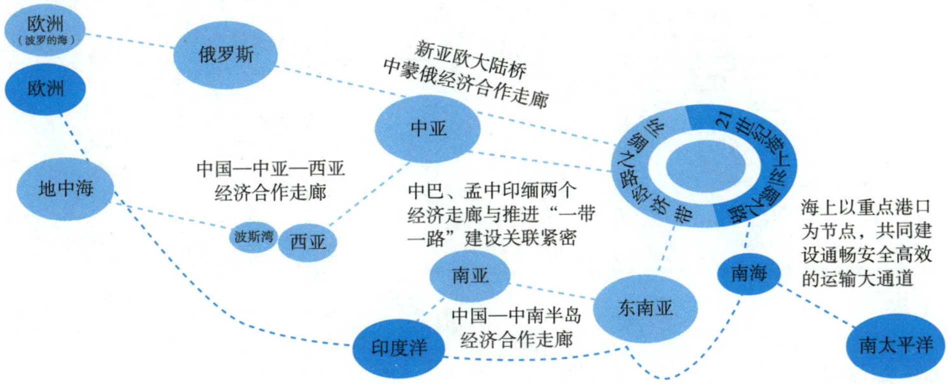

根据以上数据，谈一谈“一带一路”倡议的意义：

3\. 2017年，中国大陆对欧盟、美国、东盟、日本、中国香港、韩国、中国台湾、巴西、印度、俄罗斯、南非等国家或地区的货物进出口额及其增长速度如下。

国家或地区	出口额（亿元）	比上年增长（%）	占全部出口比重（%）	进口额（亿元）	比上年增长（%）	占全部进口比重（%）
欧盟	25199	12.6	16.4	16543	20.2	13.3
美国	29103	14.5	19.0	10430	17.3	8.4
东盟	18902	11.9	12.3	15942	22.8	12.8
日本	9301	8.9	6.1	11204	16.3	9.0
中国香港	18899	–0.4	12.3	495	–54.9	0.4
韩国	6965	12.6	4.5	12013	14.4	9.6
中国台湾	2979	12.2	1.9	10512	14.5	8.4
巴西	1962	35.2	1.3	3974	31.4	3.2
印度	4615	19.8	3.0	1107	42.4	0.9
俄罗斯	2906	17.8	1.9	2790	31.0	2.2
南非	1004	18.4	0.7	1649	12.1	1.3

我国在享受经济全球化带来的好处的同时，也必然将面对经济全球化带来的诸多风险。我们应这样维护国家的经济安全：________________

议一议

1. 现在，生产一种商品的零部件可以同时分布在十几个、几十个国家，使每个国家发挥其技术、劳动力、成本等方面的优势，使最终产品成为“万国牌”的国际性产品。如日本丰田汽车，其零部件大多数并非日本生产，而是来自二十多个国家的 160 家工厂。议一议以上材料反映了什么经济生活道理？

2. 1999 年，马云等 18 人利用进入中国市场不久的国外互联网技术，在杭州创立了阿里巴巴网络技术有限公司。从淘宝网、天猫拓展到聚划算、天猫国际、支付宝、阿里影业等。阿里巴巴集团秉承把全球品牌卖给中国消费者，并将中国制造卖给全球用户的理念，与世界一百多个国家开展更为广泛的贸易合作，成为全球最大的零售交易平台。2017年，阿里巴巴营业收入1582.73亿元人民币，同比增长56%。从此材料中，议一议你对经济全球化与中国发展的认识。

3. 华为人很早就认识到，跨国巨头林立的通信设备市场过分依赖国内市场是没有前途的。华为结合各国优势，在美国旧金山建立了UI设计中心，在日本设立通信研发中心，在印度、印尼等国建立工厂……并与多个世界知名品牌展开跨界合作，如与“哈曼卡顿”展开音响合作、与“施华洛士奇”展开设计合作、与“莱卡”展开成像合作，在高端手机市场加速缩小与竞争对手“苹果”与“三星”的差距。通过长期努力，华为逐步获得了世界市场的认可。结合材料，谈一谈如何全面提高我国开放型经济水平。

成长回眸

我学到的内容：______

______

______

我的体会和行动：______

______

______

每课评价：

自我评价：优秀　良好　中等　合格　待提高

组长评价：优秀　良好　中等　合格　待提高

老师寄语：______

______

______

实践营地

演一演

中欧班列——新时代的惠民班列

中欧班列是往来于中国与欧洲及一带一路沿线各国的集装箱国际铁路联运班列。铺划了西中东3条中欧班列运行线。截至2018年6月底，中欧班列累计开行量已突破9000列，运送货物近80万标箱，国内开行城市48个，到达欧洲14个国家42个城市，运输网络覆盖亚欧大陆的主要区域。

请分组选派同学扮演中国、哈萨克斯坦、俄罗斯、白俄罗斯和波兰等国家商人，演绎在中欧班列上进行贸易洽谈的故事。

小品剧本

做一做

中国是美国最大的贸易逆差来源国。诸多对美贸易产品中以中国廉价的劳动密集型商品为主。特朗普入主白宫后，美国商务部一口气作出三起反倾销和反补贴仲裁。对中国出口美国的非晶织物、普碳与合金钢板、硫酸铵分别征收 162.47%、68.27%、493.46% 反倾销税和 48.94%—165.39%、251%、206.72% 的反补贴税。对此，习近平主席立场鲜明：“搞保护主义如同把自己关进黑屋子，看似躲过了风吹雨打，但也隔绝了阳光和空气，其结果只能是两败俱伤”。

运用所学知识，召开模拟新闻发布会，谈谈我国应如何应对当前国际贸易形势，促进对外贸易的健康发展。

我做外交官

提示：（1）可从我国应主动运用国际贸易组织规则，维护我国的合法权益，坚持独立自主自力更生原则，加快转变外贸增长方式，坚持“引进来”“走出去”相结合的战略，提高我国对外开放水平，坚持市场多元化战略，积极参与全球经济合作，促进世界经济发展等角度回答如何促进对外贸易的健康发展。

（2）我们首先要捍卫自身合法权益。同时，我们相信中美经贸关系不会根本脱离互利共赢轨道。我们愿与美国新一届政府携手合作，通过平等对话、业界的合作，妥善化解矛盾，继续推动中美经贸关系稳定健康发展，为两国人民带来福祉。

我的建议：________________

信息资讯

拓展阅读

贸易保护主义（Trade Protectionism）是一种国际贸易理论，指在对外贸易中实行限制进口以保护本国商品在国内市场免受外国商品竞争，并向本国商品提供各种优惠以增强其国际竞争力的主张和政策。

中国经济的迅速崛起，"入世"后中国经济融入世界经济程度的加深，全球制造业中心逐步转移到中国，决定了我国的国际贸易现状与发展。

当今社会紧密相连，全球三分之二的贸易商品与全球价值链相关联。如果两国之间产生贸易摩擦会直接影响投资者的策略乃至全球的经济。

2018年，美方违反世贸规则，采取最大规模单边贸易限制措施。这种不义之举，遭到国际社会普遍反对。历史经验教训证明，打贸易战从来不是解决问题的正确途径。次贷危机以来，全球经济复苏已有几个年头，2017年更实现难得的"同步复苏"态势。贸易战一旦爆发，全球经济的良性复苏将遭受严重挫折。华盛顿著名智库布鲁金斯学会一项研究显示，如果全球爆发小型贸易战，即关税增加10%，则大多数经济体国内生产总值（GDP）将减少1%至4.5%；如果全球爆发严重贸易战，即关税增加40%，则全球经济将重现20世纪30年代的大萧条。

良好的秩序是一切美好事物的基础。在各国日益利益交融、命运与共，合作共赢是大势所趋的时代背景下，面对逆时代潮流而动的"搅局者"，只有共同行动起来，坚决抵制破坏国际贸易规则的行为，共同维护自由贸易和多边贸易体制，才能真正解决现实问题，在合作共赢中共享繁荣发展的新机遇。

推荐网站

1. 第一财经网：https://www.yicai.com

第一财经（CBN）是中国最具影响力、品种最完整的财经媒体集团，业务模块覆盖全媒体与新兴信息服务形态，为中国广大投资者和商界、经济界人士，以及全球华人经济圈提供实时、严谨、高质的财经新闻。

2. 新浪财经网：https://finance.sina.cn

新浪财经客户端，提供7×24小时财经资讯及全球金融市场实时报价，覆盖股票、债券、基金、期货、理财、管理等多领域全方位信息服务，为用户提供手机看财经、做股票的阅读体验。

第8课 我国的社会主义政治制度

目标点击

1. 认知：了解我国根本政治制度和基本政治制度的内容，理解我国社会主义政治制度的优越性。

2. 态度：认同我国社会主义政治制度的优越性，坚决拥护中国共产党的领导，坚定走中国特色社会主义政治发展道路的信念。

3. 运用：能够进行正确的政治价值判断和政治行为选择，坚定政治立场，以实际行动维护我国社会主义政治制度。

知识导航

- 我国的社会主义政治制度
  - 中国共产党领导的多党合作和政治协商制度
    - 中国共产党的领导地位
      - 我国的政党制度
      - 中国共产党领导地位的确立
      - 必须坚持中国共产党的领导
    - 中国共产党领导的多党合作和政治协商制度的内容
      - 中国共产党领导的多党合作和政治协商制度
      - 中国人民政治协商会议的主要职能及内容
      - 中国人民政治协商的主要形式
  - 人民代表大会制度
    - 人民代表大会制度的含义
      - 人民代表大会制度含义
      - 人民代表大会制度是我国的根本政治制度
      - 人民大表大会制度的内容
      - 立法权、决定权、任免权和监督权
    - 人民代表大会制度是根本政治制度安排
      - 党的领导
      - 人民当家作主
      - 依法治国
  - 民族区域自治制度
    - 民族区域自治制度的基本内容
      - 民族区域自治制度是我国基本政治制度
      - 处理民族关系的基本原则
    - 民族区域自治制度的优越性
      - 有利于维护国家的统一和安全
      - 有利于少数民族人民当家作主
      - 有利于社会主义民族关系
      - 有利于促进社会主义现代化建设事业发展
  - 基层群众自治制度
    - 基层群众自治制度的内容
    - 完善基层群众自治制度的意义

自主探究

选一选

1. 我国的根本政治制度是（　　）。

A. 人民代表大会制度

B. 中国共产党领导的多党合作和政治协商制度

C. 民族区域自治制度

D. 基层群众自治制度

2. 我国人民代表大会制度的组织和活动的基本原则是（　　）。

A. 少数服从多数　　B. 集体决策

C. 民主集中制　　D. 下级服从上级

3. 2018 年 3 月 11 日，在第十三届全国人大第三次全体会议上，投票表决中华人民共和国宪法修正案草案，听取和审议全国人大常委会工作报告。在这里人大代表行使的职权是（　　）。

①决定权　②审议权　③表决权　④提案权

A. ①③　　B. ①④

C. ②③　　D. ②④

4.（　　）由人民代表大会产生，对它负责，受它监督。

①国家行政机关　②国家监察机关　③国家审判机关　④国家检查机关

A. ①③④　　B. ②③④

C. ①②③　　D. ①②③④

5. 下列关于中国共产党与各民主党派的关系表述不正确的是（　　）。

①中国共产党与各民主党派是领导和被领导的关系

②中国共产党与各民主党派共同执政

③中国共产党与各民主党派是亲密友党的关系

④中国共产党与各民主党派是监督与被监督的关系

A. ①④　　B. ②④

C. ①②③　　D. ①②④

6．中共中央在作出重大决定和决策之前，都要举行党外人士民主协商会，通报情况，听取意见。民主协商会（　　）。

A. 是我国的爱国统一战线组织　　B. 是我国社会主义民主的具体化

C. 提高了各民主党派的政治地位　　D. 是具有中国特色的政党制度

7．对坚持和完善中国共产党的领导认识正确的是（　　）。

①只有坚持中国共产党的领导，才能始终保持现代化建设的社会主义方向

②只有坚持中国共产党的领导，才能实现和保持社会稳定

③只有坚持中国共产党的领导，才能最广泛、最充分地调动一切积极因素搞好社会主义现代化建设

④历史和现实充分说明，中国共产党的领导是历史的选择、人民的选择

A. ①③　　B. ②③④　　C. ①②③　　D. ①②③④

8．下列属于民族自治机关的是（　　）。

A. 香港特别行政区政府

B. 江苏省高邮菱塘回族乡人民政府

C. 西藏自治区人民法院

D. 云南省大理自治州人民代表大会

9．2017年3月，十二届全国人民代表大会第五次会议通过了关于第十三届全国人民代表大会代表名额和选举问题的决定。根据《中华人民共和国宪法》和《中华人民共和国全国人民代表大会和地方各级人民代表大会选举法》的有关规定，第十三届全国人民代表大会代表中，少数民族代表的名额应占代表总名额的12%左右。人口特少的民族至少应有1名代表。基层代表特别是一线工人、农民、专业技术人员代表的比例要比上届有所上升，党政领导干部代表的比例比上届有所降低。全国人大的决定（　　）。

①体现了全国人民代表大会行使决定权和立法权

②有利于维护民族平等和民族团结原则

③体现了我国人民民主具有真实性和广泛性

④确立了少数民族人民当家作主的地位

A. ①②　　B. ①④　　C. ②③　　D. ③④

10．下列组织，属于我国基层群众自治制度内容的是（　　）。

A. 村民委员会　　B. 人民政协

C. 政府机关　　D. 街道工作委员会

填一填

1. 请同学们根据教材，填写下面内容。

1. 人民代表大会制度的含义：________________

____

2. 我国的政党制度是：________________

____

3. 民族区域自治制度的含义：________________

____

4. 基层群众自治制度的内容：________________

____

2. 请填写我国八个民主党派简表。

民主党派的名称	成立时间	地点	现任主席	组成人员

3. 比较全国人民代表大会及地方各级人民代表大会的性质、地位和职权。

	性质	地位	职权
全国人民代表大会			
地方各级人民代表大会			

想一想

1. 2017 年全国政治协商会议上，各民主党派向全国政协提交提案共计 303 件，涉及经济金融、资源环境、教育文化、医药卫生、社会服务、科学技术等各领域。

各民主党派中央拟提交提案领域分布一览表

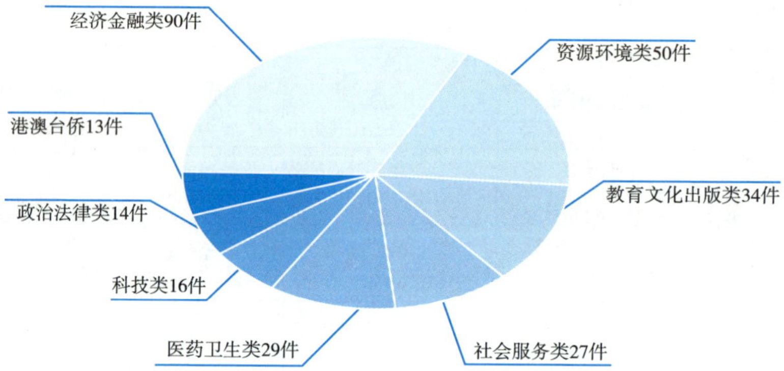

请根据上图说明我国实行的政党制度：________________

____

____

____

____

2. 1947 年，内蒙古自治区生产总值仅为 5.4 亿元。经过数十年发展，总量规模不断扩大。2016 年工业增加值达到 18632.6 亿元。

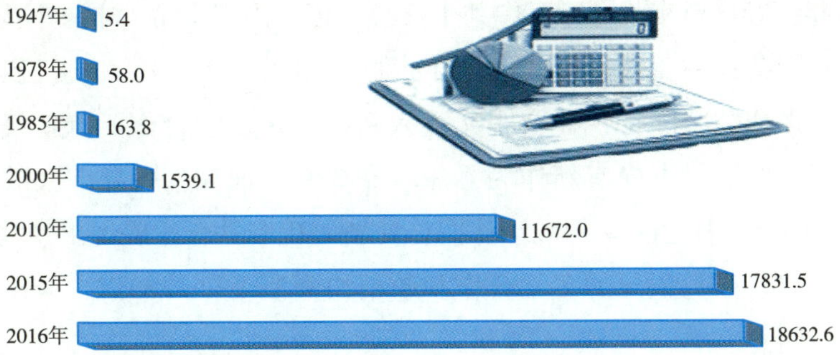

你认为内蒙古自治区发生了翻天覆地的变化的原因是：________________

____

____

____

3. 请你根据村民委员会、居民委员会的自治内容，说一说实行村民自治和城市居民自治的意义。

基层群众自治组织			
机构		村民委员会	居民委员会
内容	选举	村民直接投票选举村民委员会成员	居委会成员由居民民主选举产生
	决策	通过村民会议等形式，按照少数服从多数原则讨论决定重大事务	凡涉及居民切身利益的重要事务要提请居民会议讨论决定
	管理	制定村民自治章程或村规民约等，用民主方式管理村里的日常事务	社区大事居民定，日常事务居民管
	监督	通过村务公开、民主评议村干部、村委会定期报告工作等形式来监督村民委员会的工作和村干部的行为	居民委员会定期向居民会议汇报工作，接受居民的监督和质询

____

____

____

____

议一议

1. 2018 年新春佳节来临之际，中共中央总书记、国家主席、中央军委主席习近平在人民大会堂同各民主党派中央、全国工商联负责人和无党派人士代表座谈并共迎新春。习近平强调，中国特色社会主义进入新时代，多党合作要有新气象，思想共识要有新提高，履职尽责要有新作为，参政党要有新面貌，引导广大成员增进对中国共产党和中国特色社会主义的政治认同，使新时代多党合作展现出勃勃生机。

请你运用“共产党领导的多党合作和政治协商制度”的知识，谈谈你对上述材料的看法。

2. 2018 年，扶持人口较少民族发展专项计划发布。国家发展改革委下达中央预算内投资 8 亿元，支持内蒙古、辽宁、吉林等 13 个省区的人口较少民族聚居行政村基础设施、基本公共服务设施等 4 个领域项目建设。请你运用政治生活知识，说明怎样维护民族团结，实现社会和谐？

3. 某社区居委会建立了社区公众微信平台。原本要到居委会或公告栏了解的信息，现在通过“掌上平台”就一清二楚了。居民们通过微信平台，还可以与居委会互动。社区各种社团的成员，纷纷在该居委会建立的微信平台上出谋划策，整个社区都活跃起来了。这个居委会还组织志愿者帮助社区的爷爷奶奶们玩转微信、预防诈骗……

请你结合材料，运用政治生活的知识说明居民们是怎样共建祥和文明社区的？

成长回眸

我学到的内容：____

我的体会和行动：______________________________________

每课评价：

自我评价：优秀　良好　中等　合格　待提高

组长评价：优秀　良好　中等　合格　待提高

老师寄语：____

实践营地

演一演

我为人大代表写提案

你以为两会提案只是“大人们”的事？那可不一定！学生们也能提出有分量的提案，而且还能直通两会。比如 2018 年的两会，河北衡水中学的学生起草的《关于推进网络视频直播健康多元发展的提案》就被政协委员带到了全国两会上。

请你通过自己的观察、理解和思考，模拟人大代表撰写提案，为国家建言献策。

我的提案

做一做

我眼中的居（村）委会

居民委员会和村民委员会是基层群众性自治组织，你知道居（村）委会都开展了哪些工作吗？

走访你所居住的村委会或居委会，了解基层群众自治工作开展的情况，做一个采访记录。

采访记录

信息资讯

拓展阅读

中国共产党领导是中国特色社会主义最本质的特征，是中国特色社会主义制度最大的优势。在当今中国，党是领导一切的核心力量。如果把中国特色社会主义比作一艘巨轮，中国共产党就是掌舵人。现在，这艘巨轮正在穿越“历史三峡”，前方风高浪急、暗礁密布，需要我们党不断提高执政能力和领导水平，不断提高驾驭复杂局面的能力，定准向、掌好舵，确保中国特色社会主义巨轮胜利驶向伟大梦想的光辉彼岸。

创造力升级。创造力是执政党生生不息的力量源泉。必须增强学习本领、政治领导本领、改革创新本领，建设马克思主义学习型政党，坚持战略思维、创新思维、辩证思维、法治思维、底线思维，保持锐意进取的精神风貌，善于结合实际创造性推动工作，善于运用互联网技术和信息化手段开展工作。

凝聚力增强。党的力量源泉在人民，党的凝聚力来自人民。必须增强群众工作本领，创新群众工作体制机制和方式方法，推动工会、共青团、妇联等群团组织增强政治性、先进性、群众性，发挥联系群众的桥梁纽带作用，组织动员广大人民群众坚定不移跟党走。

战斗力提升。党的战斗力是党的生命力的重要表征。必须增强科学发展本领、依法执政本领、狠抓落实本领和驾驭风险本领，善于处理各种复杂矛盾，以钉钉子精神做实做细做好各项工作，勇于战胜前进道路上的各种艰难险阻。

推荐网站

1. 中国人大网：http://www.npc.gov.cn

中国人大网是由全国人民代表大会常委会办公厅主办的全国人民代表大会常委会门户网站，是全国人民代表大会常委会的重要舆论媒介，是信息公开、服务代表、联系人民的重要平台。

2. 人民政协网：http://www.rmzxb.com.cn

人民政协网是全国政协主管主办的新媒体，由人民政协报社主办，全方位报道国内外重大新闻和各级统战、政协工作最新动态，为各级政协组织履行职能服务，为广大政协委员参政议政服务。

第9课 我国民主政治的发展道路

目标点击

1. 认知：了解我国的国体，懂得发展社会主义民主的必然性；了解我国人民民主的特点，懂得人民当家作主是社会主义民主政治的本质要求；理解发展社会主义民主政治，必须坚持党的领导、人民当家作主、依法治国的有机统一。

2. 态度：认同我国社会主义民主政治制度的特点与优势，坚决拥护中国共产党的领导，坚定走中国特色社会主义政治发展道路的信念，增强参与社会主义民主政治的意识。

3. 运用：能够进行正确的政治价值判断和政治行为选择，坚定政治立场，以实际行动维护我国社会主义政治制度。

知识导航

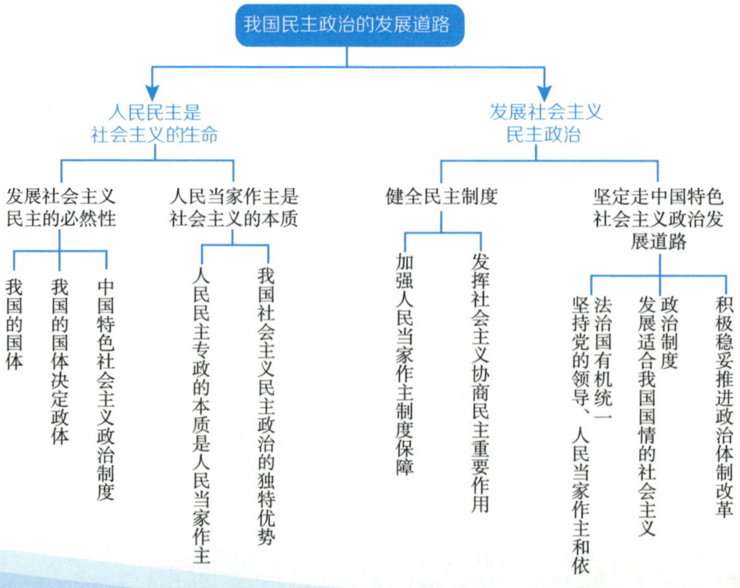

自主探究

选一选

1. 我国人民民主专政的本质是（　　）。

   A. 人民当家作主　　B. 党的领导

   C. 实现共同富裕　　D. 大力发展经济

2. 我国的国体是（　　）。

   A. 人民代表大会　　B. 人民代表大会制度

   C. 人民民主专政的社会主义国家　　D. 中国共产党的领导

3. 社会主义民主政治的本质和核心是（　　）。

   A. 保障人民权利　　B. 集中力量办大事

   C. 人民当家作主　　D. 推动社会变革

4. 下列关于民主的说法，表述错误的是（　　）。

   A. 民主具有鲜明的阶级性

   B. 民主遵循平等的原则和少数服从多数的原则

   C. 没有抽象的超阶级的民主

   D. 民主具有抽象性和超阶级性

5. 我国人民民主的广泛性主要体现在（　　）。

   ①民主主体的广泛性

   ②人民能够自己管理国家

   ③人民当家作主的权利有制度、法律和物质保障

   ④人民享有广泛的民主权利

   A. ①②　　B. ②③　　C. ①④　　D. ①②③④

6. 关于依法治国的认识不正确的是（　　）。

   A. 依法治国是党领导人民治理国家的基本方式，是坚持党的领导和人民当家作主的坚强保障

   B. 依法治国就是人民群众在党的领导下，依照宪法和法律的规定，通过各种途径和形式管理国家事务，管理经济文化事业，管理社会事务

   C. 人民当家作主是依法治国的根本保证

D. 实行依法治国，才能保证国家各项工作依法进行，实现社会主义民主的制度化、规范化、程序化

7. 下列关于党的十九大报告中提到的中国特色社会主义政治发展道路的说法，错误的一项是（　）。

A. 中国特色社会主义政治制度可以脱离特定社会政治条件和历史文化传统来抽象评判

B. 中国特色社会主义政治发展道路，是坚持党的本质属性、践行党的根本宗旨的必然要求

C. 推进社会主义民主政治应制度化、规范化、法治化、程序化

D. 要长期坚持、不断发展我国社会主义民主政治

8. 人民当家作主是坚持党的领导和依法治国的本质要求。下列说法不正确的是（　）。

A. 人民当家作主体现了党“立党为公，执政为民”的宗旨

B. 依法治国的主体是少数法律精英

C. 人民当家作主体现了马克思主义唯物史观

D. 社会主义的本质是保障人民根本利益的实现

9. 发展社会主义民主政治，最根本的是要把坚持党的领导、人民当家作主和依法治国有机统一起来。下列关于这三者的说法不正确的是（　）。

A. 党的领导是人民当家作主和依法治国的根本保证

B. 人民当家做主是社会主义民主政治的本质要求

C. 依法治国是党领导人民治理国家的基本方式

D. 党的领导指中国共产党领导下的多党合作和政治协商制度

10. 我国在构建社会主义和谐社会的进程中，一方面要发展社会主义民主政治，保障人民享有更多更切实的民主权利；另一方面要对破坏社会主义建设的敌人实行专政。这是因为（　）。

A. 坚持人民民主专政是由我国生产力发展水平决定的

B. 坚持人民民主专政是我国构建和谐社会的政治保证

C. 坚持人民民主专政必须坚持中国共产党的领导

D. 人民民主专政是社会主义国家的国体

填一填

1. 请同学们根据教材，填写下面内容。

1. 国体的含义：______________________________

____

2. 我国的国体是：______________________________

3. 民主的含义是：______________________________

4. 专政的含义是：______________________________

5. 人民民主专政的本质是：______________________________

2. 正确认识民主和专政的关系。

		民主	专政
区别	适用范围不同		
	实施方式不同		
	功能不同		
联系			

3. 填写下表，理解我国社会主义民主是维护人民根本利益的最广泛、最真实、最管用的民主。

	内涵	表现	举例
最广泛的民主			
最真实的民主			
最管用的民主			

想一想

1. 看国徽，谈谈你对我国国家性质的认识。

我的认识：____

____

____

____

2. 2016 年，全国纪检监察机关立案侦查职务犯罪 47650 人，2017 年同比件数、人数分别上升 12.3% 和 9.4%。目前，反腐败斗争压倒性态势已经形成。今后，仍将保持反腐高压态势，坚持惩治腐败力度决不减弱，零容忍态度决不改变。

2016 年全国检察机关立案侦查职务犯罪 47650 人

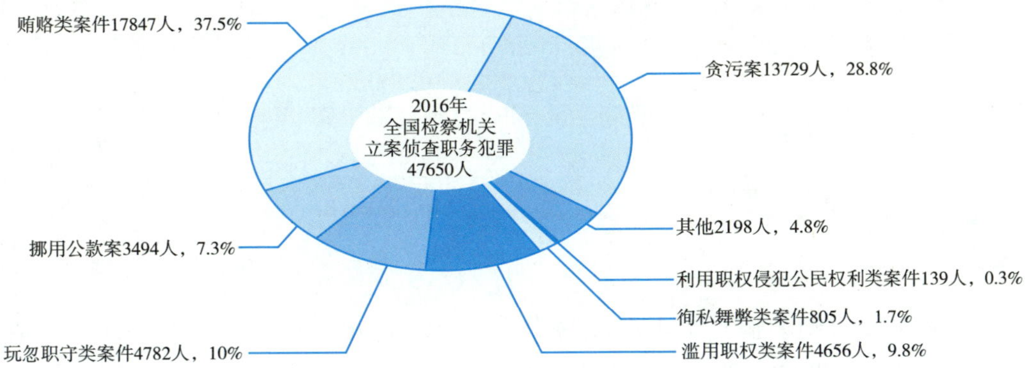

依据上述材料，谈谈你对我国国家性质的认识：________________

____

____

____

____

3. 中国互联网的红火程度，是其他国家的网络无法比拟的。这不仅是因为中国网民数量世界第一，也因为中国网民关心政治，热衷于探讨政治问题。请结合以下内容，谈谈你对依法治国的认识。

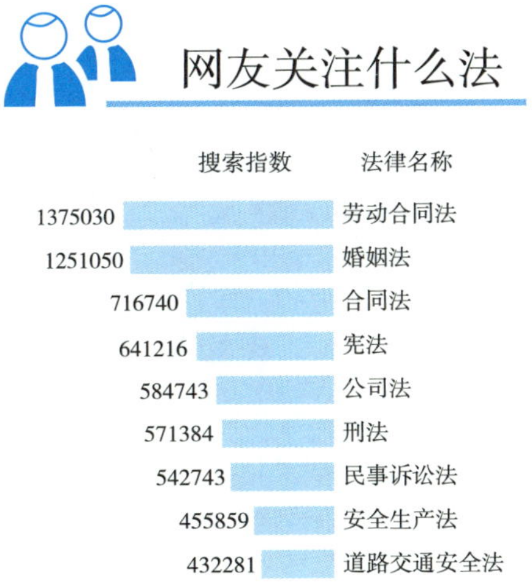

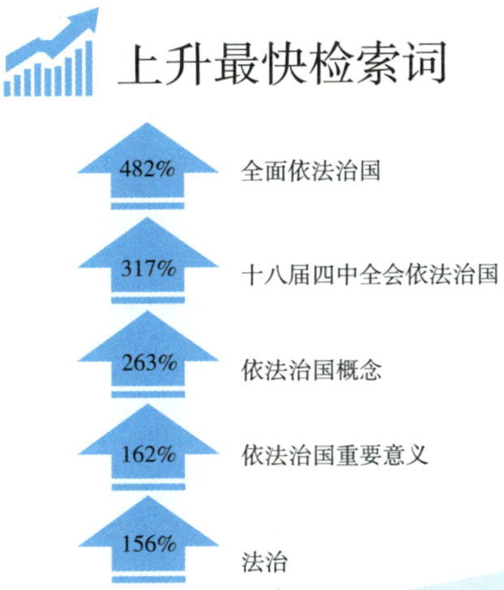

我的认识：

议一议

1. 橘生淮南则为橘，生于淮北则为枳。中国有九百六十多万平方公里土地、五十六个民族，我们能照谁的模式办？谁又能告诉我们该怎么办？对丰富多彩的世界，我们应该秉持兼容并蓄的态度，虚心学习他人的好东西，在独立自主的立场上把他人的好东西加以消化吸收，化成我们自己的好东西，但决不能囫囵吞枣、决不能邯郸学步。照抄照搬他国的政治制度行不通，会水土不服，会画虎不成反类犬，甚至会把国家前途命运葬送掉。只有扎根本国土壤、汲取充沛养分的制度，才最可靠、也最管用。

请你结合习近平总书记关于社会主义政治建设的重要论述，议一议应如何发展中国社会主义民主政治？

2. 中国的社会主义民主政治建设，始终坚持以马克思主义民主理论与中国实际相结合的基本原则为指导，借鉴了人类政治文明包括西方民主的有益成果，吸收了中国传统文化和制度文明中的民主性因素，因此，中国的社会主义民主政治具有鲜明的中国特色。

请你运用所学的政治常识简要分析材料中的“鲜明的中国特色”。

3. 党的十九大报告指出：“中国特色社会主义政治发展道路，是近代以来中国人民长期奋斗历史逻辑、理论逻辑、实践逻辑的必然结果，是坚持党的本质属性、践行党的根本宗旨的必然要求。世界上没有完全相同的政治制度模式，政治制度不能脱离特定社会政治条件和历史文化传统来抽象评判，不能定于一尊，不能生搬硬套外国政治制度模式。”

请你结合所学知识，说一说为什么发展社会主义民主政治，必须走中国特色社会主义政治发展道路。

成长回眸

我学到的内容：________________________________

____

____

我的体会和行动：________________________________

____

____

每课评价：

自我评价：优秀　良好　中等　合格　待提高

组长评价：优秀　良好　中等　合格　待提高

老师寄语：________________________________

____

____

实践营地

演一演

网络反腐

当今时代，在人们的工作和生活中，网络已经无处不在，并深刻地影响和改变着传统工作和生活模式。网络的惊涛也冲击着传统的反腐方式。我们是视之为洪水猛兽，还是神兵利器？

请运用所学知识，以“网络在反腐工作中的利与弊”为主题，全班同学分为正反两方组织一场辩论赛，写出正、反方辩词。

正方、反方辩词

做一做

我来行使民主监督权

在我国，一切权力属于人民。作为中职生，在基层的广泛实践中，尝试参与民主活动有利于提高自己在民主生活中的参与能力。请同学们开展一次行使民主监督权的活动。

选择一个可以行使监督权的问题，例如所在社区的环境、乡镇企业污染等问题。围绕这个问题分组进行调查、分析，在此基础上形成解决问题的方案。最后各组交流、解读各自的方案，并评选出班级最佳方案。

关于________________解决方案

____

____

____

____

____

____

____

____

____

____

____

信息资讯

拓展阅读

1989年，美国政治学者弗朗西斯·福山在《历史的终结》中预言，西式民主制度是“人类政府的最后形式”，历史将终结在这里。曾几何时，苏联解体、东欧剧变，似乎印证了这个论断。然而二十多年后，历史并没有终结，反而西式民主乱象丛生，制度危机凸显。与此形成鲜明对比的是，中国特色社会主义民主政治“风景这边独好”，中国特色社会主义制度焕发出强大生命力。面对事实，福山也不得不改口：“随着中国崛起，所谓‘历史终结论’有待进一步推敲和完善。人类思想宝库需为中国传统留有一席之地。”

人民民主是社会主义的生命。没有民主就没有社会主义，就没有社会主义的现代化，就没有中华民族的伟大复兴。社会主义越发展，民主也越发展。在新征程上，要坚定不移走中国特色社会主义政治发展道路，健全人民当家作主制度体系，继续推进社会主义民主政治建设、发展社会主义政治文明。

一个国家实行什么样的政治制度、走什么样的政治发展道路，是由这个国家的具体国情和历史文化条件决定的，必须与这个国家的国情和性质相适应。中国特色社会主义民主道路，不是中国传统政治的“再版”，也不是西式民主的“翻版”，而是经过反复比较、长期探索、实践验证的“原版”。这条道路之所以是人间正道，就在于它具有无可比拟的独特优势和鲜明特色。实践反复证明，这条政治道路走得通、走得好。

推荐网站

1. 形势政策网－在线读刊－时事报告（职教）：http://www.ssbgzzs.com/zxdk

时事报告（职教）是全国中职院校进行形势与政策教育唯一指定教材。教育部职业与成人教育司委托中宣部《时事报告》杂志社编辑出版。紧密结合中职院校特点，系统解读政策、分析形势，及时捕捉行业发展与就业趋势，助中职生开阔眼界、提升素质。

2. 中央纪委国家监委网站：http://www.ccdi.gov.cn

中央纪委国家监委网站是由中共中央纪律检查委员会、中华人民共和国国家监察委员会主办的综合性党务政务门户网站，是中央纪委国家监委信息公开、新闻发布、政策阐释、民意倾听、网络举报的主渠道、主阵地。

第10课 依法行使民主权利

目标点击

1. 认知：了解我国公民享有的政治权利和自由，掌握民主选举、民主决策、民主监督和民主管理的相关知识。理解政府的有关职能。

2. 态度：认同公民有序政治参与，确立依法行使权力、自觉履行义务的公民意识；认同我国政府是人民的政府，维护政府的权威。

3. 运用：自觉有序地参与政治生活，依法行使权力，自觉履行义务，学会寻求政府帮助，监督政府权力的行使。增强和提高政治参与的责任感和能力。

知识导航

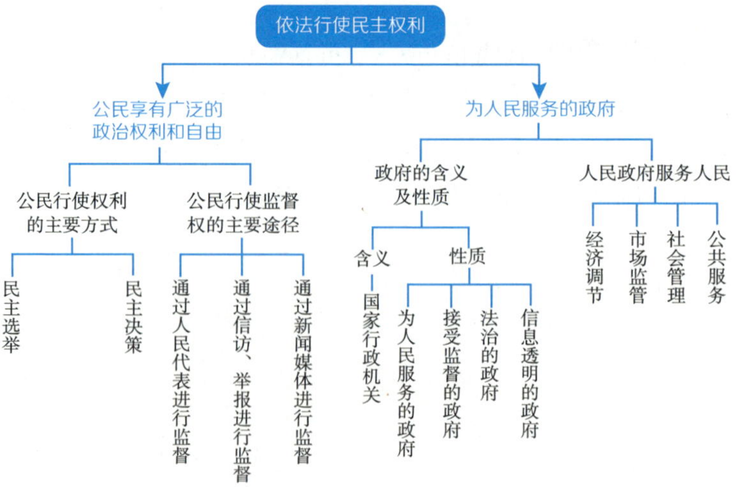

自主探究

选一选

1. 在我国，年满 18 周岁的公民依法享有选举权和被选举权。青年学生中一部分人已经行使或即将行使这项权利。作为选民，青年学生应该（　）。

①依法行使这项权利

②认真对待，因为这是公民参与国家管理的大事

③充分珍惜法律赋予自己的这项权利

④不必太负责，因为中学生目前主要任务是学习

A. ①②④　　B. ②③④　　C. ①②③　　D. ①③④

2. 我国公民享有的最基本的政治权利是（　）。

A. 选举权和被选举权

B. 言论、出版、集会、结社、示威、游行

C. 政治自由权利

D. 监督国家工作人员的权利

3. 我国现阶段实行的选举制度是（　）。

A. 直接选举和间接选举相结合的选举制度

B. 直接选举为主，间接选举为辅的选举制度

C. 直接选举为辅，间接选举为主的选举制度

D. 多种选举方式并存的选举制度

4. 为了落实习近平主席推进“互联网＋法治建设”精神，新华网特开设互联网违法举报通道和典型案例“曝光台”，方便网友向有关部门提交发现的违法线索，并将违法的单位和个人情况在网上曝光。这一做法（　）。

①有效地拓宽了公民监督渠道

②有效扩大了公民的政治权利

③能确保杜绝淫秽色情信息传播

④有利于发挥舆论监督的力量

A. ①②　　B. ①④　　C. ②③　　D. ③④

5．“焦点访谈”是中央电视台收视率最高的栏目之一。经该栏目曝光，很多悬而未决的维权事件迎刃而解。这体现出（　）。

A. 新闻媒体是公民行使批评建议权的有效途径

B. 新闻曝光对违法行为的打击比法律更有效

C. 我国公民的批评建议权是公民最重要的权利

D. 新闻监督是公民行使批评建议权最快捷、影响力最大的唯一渠道

6．某市人民代表大会经多年探索，创立了人民代表接待站和专职的人民代表联络员制度，每天至少有一位人大代表到现场听取民众反映情况。这一制度创新从一个侧面表明（　）。

①基层民主活力不断增强　②公民的政治表达渠道不断拓宽

③公民政治参与的热情空前高涨　④基层群众自治制度逐渐形成

A. ①②　B. ②③　C. ②④　D. ③④

7．2016年1月1日起施行的《居住证暂行条例》规定，公民离开常住户口所在地，到其他城市居住半年以上，符合有合法稳定就业、合法稳定住所、连续就读条件之一的，可以依照条例的规定申领居住证。县级以上人民政府应当建立健全为居住证持有人提供基本公共服务和便利的机制。这旨在（　）。

①保障我国人民当家作主，有序扩大公民的基本政治权利

②尊重和保障人权，保障公民依法享有广泛权利

③督促各级政府加强社会建设，进一步提高政府为人民服务的能力和水平

④督促各级政府加强市场监管，进一步推动基本公共服务均等化

A. ①③　B. ①④　C. ②③　D. ②④

8．一切国家机关都是为人民办事的机构，一切国家机关的工作人员都是人民的公仆，是为人民的利益而工作的。这说明国家机关及其工作人员的行为准则和工作宗旨是（　）。

A. 克己奉公，廉洁自律　B. 坚持从群众中来，到群众中去

C. 克服官僚主义和形式主义　D. 对人民负责，全心全意为人民服务

9．2018年3月13日，国务院机构改革方案公布，根据该方案，组建中国银行保险监督管理委员会。不再保留中国银行业监督管理委员会、中国保险监督管理委员会。这项改革旨在（　）。

A. 协调政府与企业的关系，减少市场监管职能

B. 进一步加快政府职能转变，扩大政府职权

C. 强化对权力的监督，提高政府工作的透明度

D. 理顺政府与市场的关系，建设服务型政府

10. 网络反腐的成效被形象地称为“小鼠标绊倒大贪官”。为鼓励广大网民依法如实举报违纪违法行为，回应网民对反腐倡廉领域热点问题的关注，人民网、新华网等主流媒体同步推出了网络“举报监督专区”。“举报监督专区”的设立（　）。

①体现了人民民主的广泛性　②推动了反腐与网络功能的良性互动

③拓宽了公民政治参与的渠道　④确保了国家权力在阳光下运行

A. ①③　B. ②④　C. ①④　D. ②③

填一填

1. 请同学们根据教材，填写下面内容。

1. 要真正做到人民当家作主，就要依法实行＿＿＿＿、＿＿＿＿、＿＿＿＿、＿＿＿＿。

2. 我国公民行使监督权的主要途径：＿＿＿＿＿＿＿＿。

3. 我国政府的性质是：＿＿＿＿＿＿＿＿。

4. 我国政府的基本职能：＿＿＿＿＿＿＿＿。

2. 请比较公民积极参与民主决策的方式。

内容 制度	内涵	形式	意义
社情民意反映制度			
专家咨询制度			

续表

制度 \ 内容	内涵	形式	意义
重大事项社会公示制度			
社会听证制度			

3. 请填写政府的职能。

政府职能	内涵	举例说明
经济调节		
市场监管		
社会管理		
公共服务		

议一议

1. 作为中职生你觉得政治和我们有关系吗？对这些观点你怎么看？

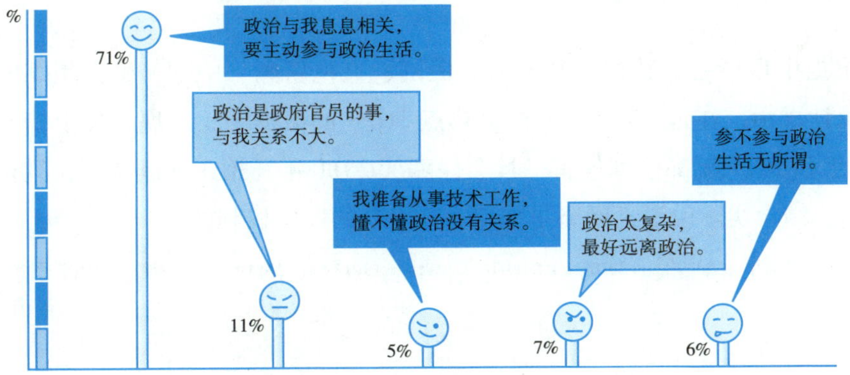

我的观点：______________________________

____

____

____

____

2. 下图是依法行使民主监督的调研统计。请说说，你一般通过什么途径行使自己的民主权利呢？

群众首选的举报途径

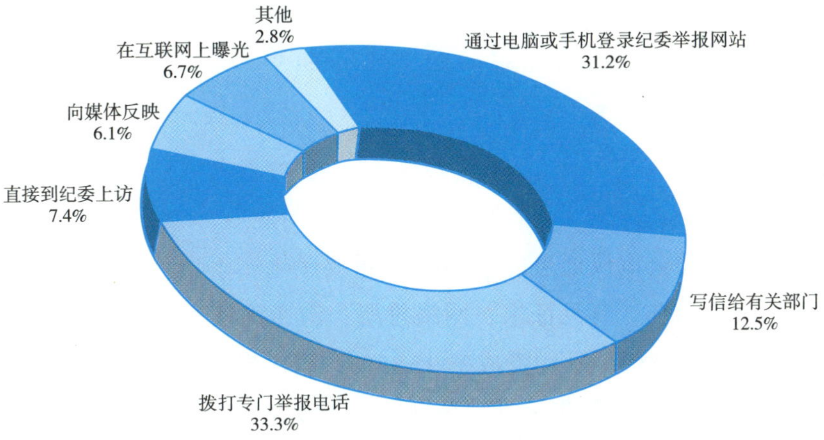

我的途径：

3. 根据中青华云大数据综合参考人民网、央视新闻、中国经营报组织的网民投票结果统计显示，在近 10 年来的两会热点 TOP3 的数据中，反腐倡廉上榜 9 次，且在 2009 年和 2017 年都位列榜首。社会保障从 2011 年开始，连续 4 年位列两会热点榜首。请你结合实际说说，网络是如何实现民众的民主权利的？

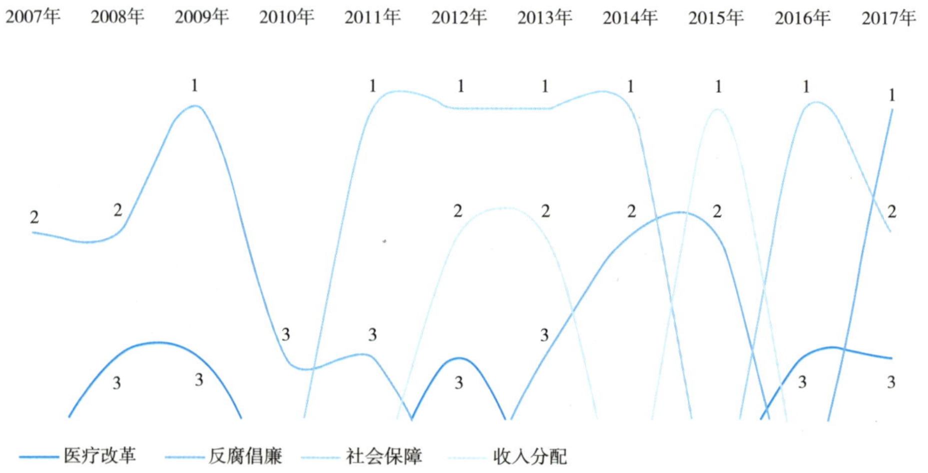

说一说

1. 某市人大常委会审议通过的《2018 年重要民生实事项目》中提到的事项，经过线索征集、项目筛选、意见征求、网络投票、沟通确认等程序，还邀请市民通过网络对实事项目进行投票，平均赞成率 95.85%，同比提升 1.33%。此次通过审议的重要民生项目共 31 件，包括扩大基本公共服务、改善群众居住条件、提升市民生活品质、方便市民出行、改善生态环境质量、消除安全隐患、提高社会保障水平等7个方面。该市向社会公布具体实事内容，接受公众监督，对项目都严格规定了完成时限。公布的实事目录还列出实事项目的主责单位和协办单位。市政府对各项任务进行专项督查，还邀请部分人大代表和政协委员检查实事项目落实情况。

请你结合材料谈一谈你对“我国政府又称人民政府”的理解。

2. 2018年2月9日，某市政府召开2017年度市级行政机关和区政府绩效考评会议。60个市级行政机关和16个区政府主要负责人在岁末迎来一场“大考”，他们在8分钟内进行述职报告，讲成绩说亮点、谈问题亮短板。市民代表、志愿者、专家学者、代表委员等251名“考官”现场“阅卷”。共251名“考官”对76个单位上一年工作进行了打分评价。其中，参评社会各界代表人数当年增至141人，他们由市人大代表、市政协委员、专家学者、市政府特约监督员、志愿者和市民代表等组成。市政府绩效办将汇总日常专项考评和年终述职考评情况，形成2017年度市级行政机关和区政府综合考评成绩，组织撰写各单位年度绩效管理综合反馈报告，报请相关部门审定后，书面反馈各区政府、市级行政机关进行整改，持续推动政府工作改进、服务改善、公信力和执行力提升。

请你结合材料说一说这里面公民行使权利的主要方式是什么。

3.“农业的事难搞，农民的事难办，农村的‘家’难管”，如何增强村民参政议政意识，提高民主监督能力？南通通州某村通过“三会治村”这一创新举措，激发起村民的自治活力。“村民说事会”是“三会治村”最基层的一级，“村民说事会”每月20日召开，收集社情民意、处理简单邻里纠纷。如果遇到处理不了的问题或涉及重大事项，“村民理事会”就要出马了。“村民理事会”是在全村4个二级党支部的层面上组建起的。“三会治村”的最高一级就要属“村议事会”了，针对村级重大事务和关系村民切身利益的重要事项进行民主协商、民主决策。三会治村的创新举措说明了什么政治现象？

成长回眸

我学到的内容：________________

____

____

我的体会和行动：________________

____

____

每课评价：

自我评价：优秀　良好　中等　合格　待提高

组长评价：优秀　良好　中等　合格　待提高

老师寄语：________________

____

____

实践营地

辩一辩

1. 模拟“某市限制电动自行车和三轮车听证会”。学生分成小组分别扮演政府部门、销售商、消费者、专家等不同角色。各小组分别准备资料，召开模拟听证会。学生将自己小组通过各种途径获取的资料信息加以分析总结，形成本小组的观点，再推荐小组代表在模拟听证会上陈述。感受如何参与民主决策。

听证会

我的角色：

我的观点：

2.《国务院关于实行最严格水资源管理制度的意见》划定了水资源利用管理的“三条红线”。水资源开发利用控制红线——到2030年全国用水总量控制在7000亿立方米以内；用水效率控制红线——到2030年用水效率达到或接近世界先进水平，万元工业增加值用水量（以2000年不变价格基数）降低到40立方米以下，农田灌溉水有效利用系数提高到0.6以上；水功能区限制纳污红线——到2030年主要污染物入河湖总量控制在水功能区纳污能力范围之内，水功能区水质达标率提高到95%以上。

根据以上资料，为了保护和节约水资源，请以小组为单位向同学们提出倡议。

倡议书

信息资讯

拓展阅读

我们党来自人民、植根人民、服务人民，党和人民始终心连心、同呼吸、共命运。“鱼和水”“舟和水”“学生和老师”“公仆和主人”……这些都是党和人民血肉相连、不可分离的生动写照。新的历史条件下，不忘初心、继续前进，就是要始终把人民利益摆在至高无上的地位，把老百姓的安危冷暖时刻放在心上，以造福人民为最大政绩，想群众之所想，急群众之所急，做到改革发展为了人民、依靠人民、成果由人民共享，让人民生活更加幸福美满。

千千万万的普通人最伟大。历史唯物主义认为，人民群众是推动人类社会发展的决定性力量。只有人民群众，才是历史的真正创造者，才是真正的英雄。我们党来自群众，始终以人民为靠山。回顾历史，每当党的事业面临重大挑战，每当中国的前途命运面临向何处去的紧要关头，总是人民群众的力量推动历史车轮前进。实现中华民族伟大复兴，必须在思想上牢固确立人民群众的主体地位，在工作中坚持从群众中来、到群众中去的根本方法，凝聚起同心共筑中国梦的磅礴力量，让党和人民的事业始终充满奋勇前进的强大动力。

推荐网站

1. 中国政府网：http://www.gov.cn

中国政府网是国务院和国务院各部门，以及各省、自治区、直辖市人民政府在国际互联网上发布政府信息和提供在线服务的综合平台。中国政府网现开通“国务院、新闻、专题、政策、服务、问政、数据、国情”等栏目，面向社会提供政务信息和与政府业务相关的服务，逐步实现政府与企业、公民的互动交流。

2. 民主与法制网：http://www.mzyfz.com

民主与法制网由中国法学会主管、民主与法制社主办。栏目设置丰富、涉及范围广泛、信息更新快速，是集政治、经济、法治、社会、信息、视频、直播、互动为一体的国家一类新闻网站。

第11课

履行义务，承担责任

目标点击

1. 认知：了解公民应当履行的义务，关注身边的政治现象，正确理解我国的民族政策和宗教制度问题。

2. 态度：养成自觉履行义务、承担责任的公民意识，增强国家观念，自觉承担对国家的责任。

3. 运用：自觉维护国家统一和民族团结、遵守宪法和法律、遵守劳动纪律、尊重社会公德、依法服兵役；尊重民族习惯和宗教信仰，严格执行国家的民族政策和宗教制度。

知识导航

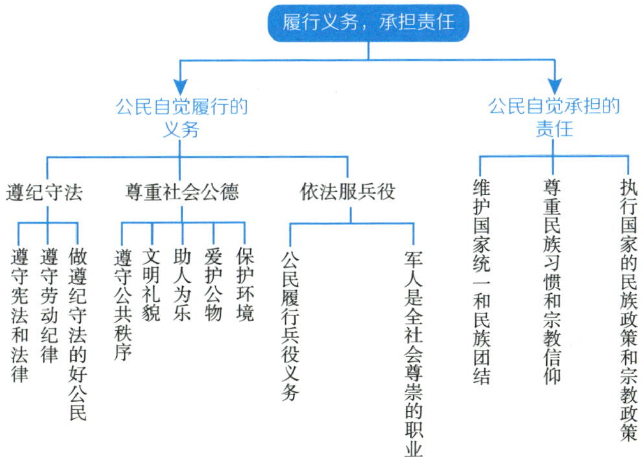

自主探究

选一选

1. 努力成为一名遵纪守法的公民，我们要（　）。

①努力做到知法明纪

②牢固树立遵纪守法意识

③懂得纪律无情、法律无情的真正含义

④尊重社会公德

A. ①②　　B. ①②④　　C. ①②③　　D. ①②③④

2. 下列属于不履行服兵役义务的行为有（　）。

①拒绝参加民兵组织

②拒绝应征入伍

③预备役人员逃避军事训练

④在校学生拒绝参加军训

A. ①③④　　B. ①②③④　　C. ①②④　　D. ①②

3. 宪法规定我国公民有维护国家统一的义务，具体包括（　）。

①维护国家主权不被侵犯

②维护国家政权的统一

③坚决同破坏国家统一的行为做斗争

④维护国家领土完整

A. ①③④　　B. ①②③④　　C. ①②④　　D. ①②

4. 维护国家统一是公民神圣的职责，作为青年学生，我们应该（　）。

①反对任何形式的“台独”

②学习和吸收各民族文化的优秀成果

③与破坏国家主权和领土完整的言行做斗争

④拥护、支持党和政府实现祖国统一的方针和政策

A. ①③④　　B. ①②③④　　C. ①②④　　D. ①②

5. “我们在处理同宗教朋友之间关系的原则是政治上团结合作，思想上相互尊重”。对这句话的正确理解是（ ）。

A. 我国宗教的本质发生了变化

B. 在我国现阶段，宗教的消极作用已经消失

C. 信教群众和不信教群众的根本利益是一致的

D. 宗教仍然是一支不可忽视的重要力量

6. 我们要自觉促进民族团结和祖国统一，努力做到（ ）。

①努力学习掌握党和政府加强民族团结、实现国家统一的方针、政策及相关法律

②努力增长才干，为全面开创各族人民共同团结奋斗、共同繁荣发展的新局面做出自己的贡献

③ 和少数民族群众一起信仰宗教

④ 消除各民族的经济文化发展不平衡

A. ①② B. ①②③ C. ①②④ D. ①②③④

7. 对我国实行宗教信仰自由政策，理解错误的是（ ）。

A. 国家保护正常的宗教活动

B. 任何国家机关、社会团体和个人不得强制公民信仰宗教或者不信仰宗教

C. 坚持独立自主自办的原则

D. 宗教界人士可以按自己的意愿进行宗教活动

8. 我国的民族区域自治是（ ）。

A. 少数民族高度独立的自治

B. 在国家统一领导下的自治

C. 少数民族有自己的中央政权机关的自治

D. 类似联邦制式的自治

9. 我国刑法规定，“国家工作人员非法剥夺公民的正当的宗教信仰自由，情节严重的，处两年以下有期徒刑或者拘役。”这一条款主要说明了（ ）。

A. 我国实行宗教信仰自由政策

B. 我国宗教坚持独立自主自办的原则

C. 国家的工作人员无权干涉宗教活动

D. 信仰宗教是公民的一项基本权利，受我国法律保护

10. 宗教信仰自由政策的内容包括（　）。
①公民有信仰宗教的自由，也有不信仰宗教的自由
②公民有信仰这个教派的自由，也有信仰那个教派的自由
③公民有自己信仰宗教的自由，也有要求别人信仰宗教的自由
④公民有过去不信教而现在信教的自由，也有过去信教而现在不信教的自由
A. ①②③　　B. ②③④　　C. ①②④　　D. ③④

填一填

1. 请同学们根据教材，填写下面内容。

1. 公民应自觉履行的义务是________、________、________。

2. 公民应自觉承担的主要责任是________、________、________。

3. 处理民族关系，我国坚持________、________、________的原则。

4. 在宗教问题上，我国实行的是________政策。

2. 请你比较一下宗教与邪教。

	宗教	邪教
传教方式		
经典教义		

续表

	宗教	邪教
崇拜偶像		
信仰		
信仰自由		

3. 认识社会公德不同内容的内涵及特点。

	内　容	内涵及特点
社会公德	文明礼貌	
	助人为乐	
	爱护公物	
	保护环境	
	遵纪守法	

议一议

1.《游客不文明行为记录管理暂行办法》发布施行，该办法被旅游业内称为“游客黑名单”。2015 年 5 月 7 日，国家旅游局公布了首批不文明行为记录，其中大闹亚航骂泰国空姐、强行打开飞机应急舱门、爬红军雕塑照相的四名当事游客全部上榜。“黑名单”令网友议论纷纷，说法各不相同，但赞扬公布不文明行为记录的态度明显。

网友态度

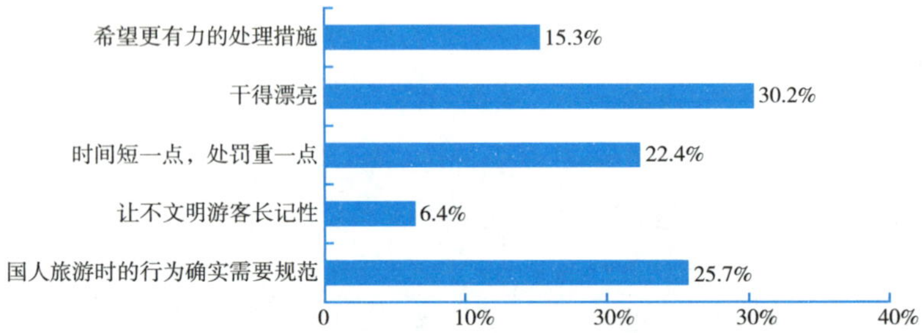

请你结合自己，谈谈如何做遵纪守法的好公民：________________

____

____

____

2. 通过世界三大宗教资料，说说你对宗教的认识。我国是一个多宗教的国家，采取了哪些宗教政策呢？

宗教名称	产生时间	创始人	宗教经典
佛教	公元前 6 世纪	乔达摩・悉达多	《三藏》
基督教	1 世纪	耶稣	《圣经》
伊斯兰教	7 世纪	穆罕默德	《古兰经》

3. 我国是一个统一的多民族国家，56 个民族在这片广袤的土地上繁衍生息，代代相传。在民族问题上，我们党和国家处理民族关系的基本原则是什么？

说一说

1. 2018 年 2 月 23 日某小区内，一个男孩独自乘坐电梯，趁没有其他人，突然对着电梯按键撒尿，电梯因此线路短路，按键灯狂闪，电梯灯也熄灭，男孩被困。你如何看待这类行为？在电梯这样的公共场合应该怎样做？

2. 李明是某公司员工。2017年3月8日李明有事打电话跟公司请假，公司没有批，李明也不去上班了。3月14日，公司以其无故旷工为由解除劳动合同。李明申请仲裁要求公司支付违法解除劳动合同的赔偿金。你认为仲裁部门会支持李明吗？

3. 1.75米的挺拔身材，待人接物彬彬有礼，言谈举止谦和自信——尽管已经退出“营门”回归单位，王涛身上仍然保留着军人气质。2013年12月，中专毕业的王涛应征入伍，成为北海舰队的一员。退役后，王涛重回单位，他仍然像在部队一样早睡早起，物品摆放整齐有序，吃苦耐劳。领导和同事都给予他很高的评价。

请你结合所学知识，说一说为什么要服兵役？我们从王涛身上学到了什么？

成长回眸

我学到的内容：________________________________

____

____

我的体会和行动：________________________________

____

____

每课评价：

自我评价：优秀　良好　中等　合格　待提高

组长评价：优秀　良好　中等　合格　待提高

老师寄语：________________________________

____

____

实践营地

做一做

1. 我的学校是一个具有悠久历史的美丽校园，碧海蓝天、古树古窗，鸟语花香。昔日的历史成就了昔日学校的辉煌，今日我们的行为关系着今日学校的形象。为保持校园的美丽面貌，展示我们的良好风貌，请对我校学生做不文明行为调查，并提出解决方法。

请设计调查问卷，进行调查，写出调查报告。

调查报告

2. 国家的统一、民族的团结，是我国顺利进行社会主义现代化建设的根本保证，也是实现公民的政治权利和其他权利的重要保证。

收集我们民族和睦团结和有关维护祖国统一的事例，设计一节主题班会。

主题班会设计

信息资讯

拓展阅读

国家的统一、人民的团结、国内各民族的团结，是实现中华民族伟大复兴的重要保障。历史和现实一再证明：在我们这个统一的多民族国家中，各民族的团结直接关系中国特色社会主义事业的兴衰成败。因此，维护祖国统一、巩固民族团结，历来是党和国家民族工作的核心原则。党的十九大报告明确提出，要铸牢中华民族共同体意识，促进各民族像石榴籽一样紧紧抱在一起，既基于中国五千多年的文明史、先秦以降“五方之民共天下”的互动史、中国“大一统”王朝维护一统而又尊重差异的思想史，又立足于中国广袤的国土、庞大的人口及56个民族的基本国情。确立多元一体的中华民族大家庭和睦相处的“家规”、和谐发展的“家风”，展示中国各民族大团结的新境界。

我们所强调的各民族共同团结奋斗、共同繁荣发展，前提是全面贯彻党的民族政策，广泛深入开展全社会的民族团结进步教育；路径是通过共享经济社会发展成果，尊重和保护文化多样性，实现各民族和睦相处的交往、和衷共济的交流、和谐发展的交融；目的是铸牢中华民族共同体意识。这里强调的共同体意识所彰显的“共同”，不仅是经济社会发展成果的共享，更重要的是对伟大祖国、中华民族、中华文化、中国特色社会主义、中国共产党的认同。

推荐网站

1. 中国文明网：http://wenming.cn

中国文明网是中央宣传部、中央文明办的门户网站，是中国宣传思想文化工作和精神文明建设系统的门户网站。传播文明、引领风尚的重要阵地，是文明办网、建设中国特色网络文化的示范窗口。

2. 中国民族宗教网：http://www.mzb.com.cn

中国民族宗教网由中国民族报社主办，为少数民族、民族地区、宗教界提供信息服务，是发布民族宗教信息的权威媒体。

第12课 坚持和平发展道路

目标点击

1. 认知：认识当今时代的主题，理解我国在国际社会发挥的重要作用。了解我国外交政策的基本内容，理解我国坚持走和平发展道路的积极意义，维护国家利益和增进人类的共同利益。

2. 态度：关注我国的外交事业，增强爱国意识；树立全球观念，尊重世界多样化，关注世界人民的共同利益；热爱和平，树立为世界和平发展做贡献的信念。

3. 运用：提高运用马克思主义观点和方法分析和判断国际社会政治现象，以及采用多种方法收集和分析当代国际形势和我国对外活动的资料的能力。

知识导航

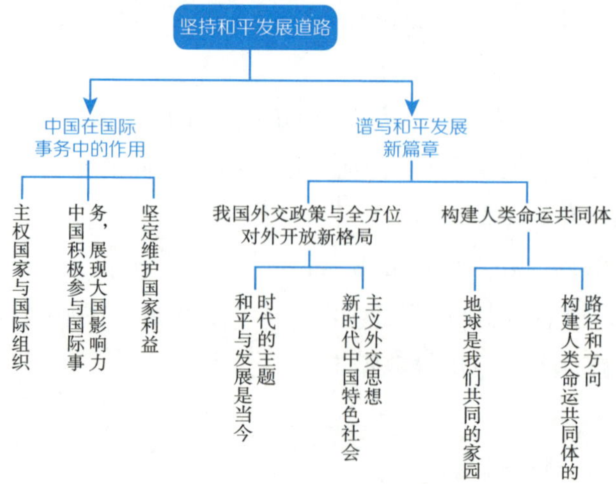

自主探究

选一选

1. 在现代国际社会中，一些国家、地区及民间团体之间，通过签订正式条约或者协议的方式，成立了名目繁多的国际组织，如欧盟、非盟、东盟、联合国、国际货币基金组织、国际奥委会等，其中联合国是（　）。

A. 参加国家和地区数量最多的国际组织

B. 最具代表性的政府间的国际组织

C. 负责处理各国经济危机的国际组织

D. 解决发达国家与发展中国家政治纠纷的国际组织

2. 主权是一个国家处理其国内事务和国际事务的统一而不可分割的最高权力，对内最高性和对外独立性是其基本特征。这表明主权国家（　）。

A. 在行使外交权力时不受国内政治的影响

B. 在处理内政事务时不受国际环境影响

C. 可以独立自主地处理内政和外交事务

D. 在国际法上享有地位平等的权利

3. 下列选项中，体现我国外交政策的基本立场的是（　）。

A. 我国自主生产的乙型脑炎减毒活疫苗通过世界卫生组织疫苗预认证

B. 巴黎气候大会上我国坚持按照共同但有区别的责任原则减排

C. 我国已与全球 123 个国家合作开办了 465 所孔子学院

D. 中国与俄罗斯、赞比亚等国家合作建设高铁项目

4. 当今世界的主题是（　）。

A. 竞争与协作　　B. 发展与科技

C. 和平与发展　　D. 环保与发展

5. 当代国际关系中最主要的是（　）。

A. 国家与国家之间的关系

B. 国际组织与国际组织之间的关系

C. 主权国家与国际组织之间的关系

D. 各主权国家与国际社会之间的关系

6．“人类命运共同体”是中国特色大国外交精髓所在。中国重视包容与普惠、反对保护主义。这表明（　）。

①国家间的共同利益是国家合作的基础

②独立自主是我国外交政策的基本准则

③和平共处五项原则是我国对外关系的基本立场

④维护世界和平、促进共同发展是我国外交政策的宗旨

A. ①③　　B. ②③　　C. ①④　　D. ②④

7．我国外交政策的宗旨是（　）。

A. 维护国际和平与安全，促进国际合作与发展

B. 维护世界和平，促进共同发展

C. 独立自主的和平外交政策

D. 和平共处五项原则

8．坚定不移地（　），致力于建设一个持久和平、共同繁荣的世界，是我们党着眼于当前国内外发展的新形势提出的一个重大战略思想。

A. 走和平发展道路　　B. 坚持对外开放

C. 加强国际交往　　D. 维护祖国统一

9．近年来，针对世界发展的难题，习近平主席在多个场合阐述中国主张，传递中国信心，贡献中国智慧。2017年1月他在联合国发表了《共同构建人类命运共同体》的主旨演讲，清晰勾勒了共建人类命运共同体，实现共赢共享的中国方案。这一方案（　）。

①实现了世界各国政治经济的均衡发展

②保障了各国平等参与国际事务的权利

③顺应了各国维护和平实现发展的共同心声

④向世界展示了中国自觉承担国际责任的形象

A. ①②　　B. ①④　　C. ②③　　D. ③④

10. 20世纪90年代至今，中国军队已累计派出维和军事人员3.5万余人次，先后参加了24项联合国维和行动，被国际社会誉为“维和行动的关键因素和关键力量”。我国是联合国安理会常任理事国中派遣维和人员最多的国家，也是缴纳维和摊款最多的发展中国家。这体现了（　）。

A. 我国重视发展同发达国家的关系

B. 我国是推动世界经济增长的重要力量

C. 我国支持联合国根据宪章精神开展工作

D. 我国外交政策的基本立足点是加强同发展中国家的关系

填一填

1. 请同学们根据教材，填写下面内容。

1. 主权国家在国际社会中享有________、________、________、________、________等基本权利。

2. ________是当代国际社会中最具有代表性、政府间的国际组织。

3. ________是当今时代的主题。国际关系的决定因素是________。

4. 我国外交政策的宗旨是：________。

5. 我国对外关系的基本准则是：________。

2. 请填写下表，正确理解主权国家的权利和义务。

		含义	举例
基本权利	独立权		
	平等权		
	自卫权		
	管辖权		
基本义务			

3. 请参考教材内容比较和平共处五项原则与联合国原则。

	和平共处五项原则	联合国原则
内容		
范围		
联系		

议一议

1. 看图说明联合国会徽（标志）的含义，联合国成立时间、联合国性质、联合国主要机构、联合国的宗旨及其作用。

2. 环球财经杂志报道了《世界上最贫穷的十个国家》排名，主要以各国每人平均 GDP（即国内生产总值除以国家的人口）来排名，结合材料，谈一谈你的认识。

排名	国家	人均 GDP	原因
1	津巴布韦	0.1 美元	极度恐怖的通货膨胀导致其沦为世界最贫穷国家。
2	刚果民主共和国	334 美元	战争让这个国家更加萧条
3	利比里亚	379 美元	极权统治而爆发长期的内战，爆发严重的经济危机
4	布隆迪	400 美元	多年的内战造成贫穷落后，80% 以上人的温饱解决不了
5	索马里	600 美元	战乱和海盗。它也是世界上最腐败的国家之一
6	尼日尔	736 美元	80% 以上的土地被撒哈拉沙漠覆盖，连年干旱
7	厄立特里亚	739 美元	恐怖分子的大本营，战火纷飞
8	塞拉利昂	739 美元	多年内战，导致人们生活在战火、贫穷、饥饿中
9	中非共和国	754 美元	人们生活在饥饿和战火里
10	阿富汗	800 美元	连年战乱，且面临西方强国的制裁

3. 中国国家主席习近平在第二届世界互联网大会开幕式主旨演讲中提出："推进全球互联网治理体系变革要坚持尊重网络主权，尊重各国自主选择网络发展道路、网络管理模式、互联网公共政策和平等参与国际网络空间治理的权利，不搞网络霸权，不干涉他国内政，不从事、纵容或支持危害他国国家安全的网络活动。"请你结合材料和本课知识，谈谈在互联网高速发展的今天，我们应如何尊重和维护各国网络主权？

说一说

1. “博鳌（áo）亚洲论坛”是一个非政府、非营利性的国际组织。博鳌亚洲论坛于1998年发起，从2002年开始，论坛每年定期在中国海南博鳌召开年会。2018年4月召开的年会以“开放创新的亚洲，繁荣发展的世界”为主题，符合现实需要，引发各方高度关注。中国国家主席习近平出席论坛年会开幕式并发表重要主旨演讲。来自各国的两千多位各界嘉宾将汇聚一堂，共商合作共赢大计，共谋发展繁荣良方。从我国积极推动和组织“博鳌亚洲论坛”，说一说我国奉行的和平外交政策。

2. 2016年4月22日，是人类历史上意义非凡的一个“世界地球日”。一百多个国家齐聚联合国，见证一份全球性的气候新协议《巴黎协定》的签署，为2020年后全球应对气候变化行动作出安排，这将在人类可持续发展的进程中谱写重要一页。2016年9月3日，中国全国人大常委会批准中国加入《巴黎气候变化协定》。《巴黎协定》的宗旨是什么？说一说我国积极承担了哪些国际义务？

3. 当前国际形势基本特点是世界多极化、经济全球化、文化多样化和社会信息化。粮食安全、资源短缺、气候变化、网络攻击、人口爆炸、环境污染、疾病流行、跨国犯罪等全球非传统安全问题层出不穷，对国际秩序和人类生存都构成了严峻挑战。不论人们身处何地、信仰何如、是否愿意，实际上已经处在一个命运共同体中。与此同时，一种以应对人类共同挑战为目的的全球价值观——人类命运共同体开始形成，并逐步获得国际共识。请你谈一谈构建人类命运共同体的基本路径和发展方向是什么？

成长回眸

我学到的内容：____________________

____

____

我的体会和行动：____________________

____

____

每课评价：

自我评价：优秀　良好　中等　合格　待提高

组长评价：优秀　良好　中等　合格　待提高

老师寄语：____________________

____

____

实践营地

讲一讲

模拟新闻发布会

以近期国际社会发生的重大新闻作为模拟案例，1名同学扮演新闻发言人，班内其他同学扮演记者。“新闻发言人”在台上针对在场“国内外各路记者”的提问进行回答、回应质疑。全班以组为单位分别模拟、讨论。

课上召开“国际新闻发布会”，先由“新闻发言人”进行简短的重大新闻通报，随后进入“记者”提问环节，“新闻发言人”对每个问题进行解答。

记者提出问题

问题一：________________

问题二：________________

问题三：________________

问题四：________________

问题五：________________

问题六：________________

问题七：________________

问题八：________________

看一看

观看《大国重器》

《大国重器》以独特的视角记录了中国装备制造业创新发展的历史。该片将镜头对准了普通的产业工人和装备制造业企业转型升级创新中的关键人物，真实记录了他们的智慧、生活和梦想，通过人物故事和制造细节，鲜活地讲述了充满中国智慧的机器制造故事，再现了中国装备制造业从无到有，赶超世界先进水平背后的艰辛历程，展望了中国装备制造业迈向高端制造的未来前景。

观看大型纪录片《大国重器》，激发爱国情怀，更加明确自己所承担的责任与使命。请写出《大国重器》观后感。

观后感

信息资讯

拓展阅读

构建人类命运共同体，建设一个持久和平、普遍安全、共同繁荣、清洁美丽的世界，是中国提出的重要理念和重大倡议。2017 年 3 月，构建人类命运共同体理念更是被载入联合国安理会决议，赢得了世界范围的认同。

持久和平是基石。要和平不要战争，是各国人民朴素而真实的愿望。只有大家相互尊重、平等协商，坚持走对话而不对抗、结伴而不结盟的国与国交往新路，才能和睦相处、共同发展，营造美好的世界家园。

普遍安全是保障。地球上没有世外桃源，在威胁面前任何国家都不能独善其身、置身事外。只有秉持共同、综合、合作、可持续的总体国家安全观，携手织密安全网，才能使人们远离危险和恐惧。

共同繁荣是核心。在世界经济的汪洋大海中，只有各国风雨同舟，建设开放型世界经济，才能有效应对金融危机，避开经济衰退，让经济增长的成果惠及世界人民。

开放包容是特征。世界上有两千五百多个民族，形成了人类文明的多样性。不同文明没有高低之别，更无优劣之分。只有各种文明在和而不同中兼收并蓄，在交流互鉴中取长补短，才能描绘绚丽多彩的人类文明画卷。

清洁美丽是底色。地球是人类赖以生存的唯一家园，珍爱地球是人类的不二选择。只有坚持环境友好的理念，构筑尊崇自然、绿色发展的全球生态体系，才能实现人与自然的和谐相处，铺就永续发展的绿色道路。

推荐网站

1. 中新网：http://www.chinanews.com

中国新闻网简称中新网，由中国新闻社主办。中新网以通讯社原创新闻资讯优势见长，秉承中新社“国际视角 + 亲和力”的报道风格，新闻资讯内容准确、丰富、时效强、文风轻松活泼，已发展成为知名的中文新闻门户网站，也是全球互联网中文新闻资讯最重要的原创内容供应商。

2. 环球网：http://www.huanqiu.com

环球网由人民日报社、中央网信办批准，人民网和环球时报共同投资设立，是具备新闻采编权的大型中英文双语新闻门户网站、中央级综合性网络新闻媒体，提供专业化、全方位的国际资讯服务，呈现纷繁世界的精彩之处。

第13课 关注改善民生

目标点击

1. 认知：了解关注民生的意义，理解我国优先发展教育的必要性，掌握健康是每个人生存与发展的基础，是促进人的全面发展的必然要求，理解社会保障体系发展的必要性和紧迫性。

2. 态度：关注幼有所育、学有所教、劳有所得、病有所医、老有所养、住有所居、弱有所扶等民生问题，增强在共建共享中的更多获得感，认同构建公平正义、和谐美好社会的总要求。

3. 运用：从自己做起，从小事做起，积极关注参与民生建设的各种活动，以实际行动为我国民生发展增添助力。

知识导航

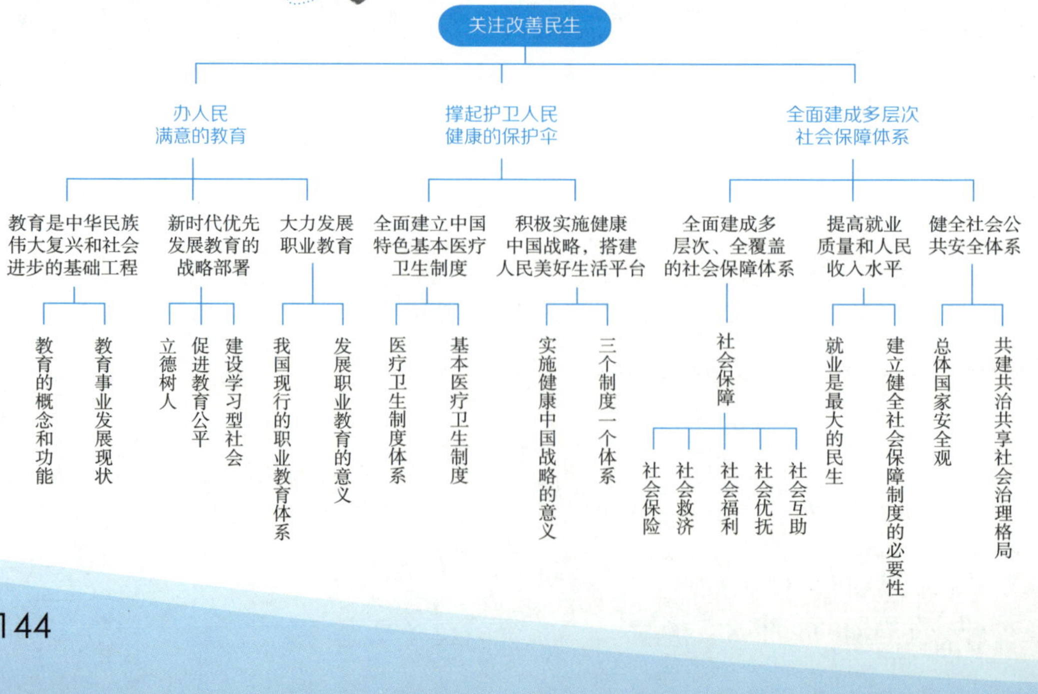

自主探究

选一选

1．社会保障制度是社会化大生产和现代市场经济的产物，是经济和社会共同进步的标志，是现代国家不可或缺的一项重要的基本安全制度，有社会的“安全器”、“安全网”之称。其中，(　　) 是社会保障的核心部分。

A. 社会保险

B. 社会救济

C. 社会福利

D. 社会优抚和社会互助

2．新时代，我国优先发展教育的战略部署包括（　　）。

①坚持立德树人，进一步发展素质教育

②促进教育公平，进一步完善职业教育

③秉持新发展理念，加快建设学习型社会

④大力发展职业教育

A. ①②③④　　B. ②③④　　C. ①③④　　D. ①②③

3．四川德阳市加快发展现代职业教育，近年来引导职业教育主动参与重大技术攻关和新产品研发，市职业院校建有科研中心 56 个、重点实验室和检测中心 19 个，拥有专利技术 588 项，参与多项国家高精尖装备核心部件生产工艺研发和试制。引导职业院校调整优化办学方向和重点，为重大技术装备产业转型升级培养高端技能人才、创新人才和高素质产业工人，近 5 年为装备制造企业输送数控机床等高端设备操作人员近九千名。根据以上材料，说法错误的是（　　）。

A. 大力发展教育事业是保证国家人才所需的条件

B. 大力发展教育事业是推进我国工业化、现代化发展的迫切需要

C. 应大力弘扬工匠精神，只有大国工匠才能促进社会进步

D. 应为在校学生提供更多合理升学选择

4．新型农村合作医疗（简称“新农合”）是指由政府组织、引导、支持，农民自愿参加，个人、集体和政府多方筹资，以大病统筹为主的农民医疗互助共济制度。其采取个人缴费、集体扶持和政府资助的方式筹集资金。2017 年，各级财政对新农

合的人均补助标准在2016年的基础上提高30元，达到450元，其中：中央财政对新增部分按照西部地区80%、中部地区60%的比例进行补助，对东部地区各省份分别按一定比例补助。建立新型农村合作医疗制度的意义是（　）。

①有利于缓解农村因病致贫，构建农村社会保障制度

②有利于推动农村卫生事业全面发展

③有利于保障农民享受基本医疗保健服务

④ 有利于促进社会和谐和稳定

A. ①②③　　B. ②③④　　C. ①②③④　　D. ①③④

5. 国务院办公厅印发《关于促进“互联网＋医疗健康”发展的意见》，就促进互联网与医疗健康深度融合发展作出部署。近年来，“互联网＋医疗健康”服务新模式新业态蓬勃发展，健康医疗大数据加快推广应用，为方便群众看病就医、提升医疗服务质量效率、增强经济发展新动能发挥了重要作用。政府出台《关于促进“互联网＋医疗健康”发展的意见》是（　）。

①珍爱生命，维护公民生命健康权

②坚持以人为本，全面建成小康社会

③增加就业岗位，维持公民生活水平

④ 提高人民幸福感、获得感

A. ①②④　　B. ①③④　　C. ②③④　　D. ①②③

6. 加快建立健全社会保障制度体系问题的迫切性和重要性体现在：（　）。

①有利于劳动力自身的生产和再生产

②对国民经济的发展具有调节作用

③是进行社会资源再分配的一种手段

④是社会再分配的完善

A. ①②④　　B. ①③④　　C. ②③④　　D. ①②③

7. 江苏省镇江市金山街道京畿路社区举办面点制作与烘焙技能培训班，十多名居民在专业面点师指导下学习蓝莓奶酪条、红豆餐包、喜多块等各种面点制作与烘焙技能，提升灵活就业和创业能力。下列关于创业的说法，错误的是（　）。

A. 创业就是创办新企业

B. 创业前应有培训环节，增加实践技能

C. 全社会应营造鼓励创业、勇于尝试、包容失败的观念与氛围

D. 创业是不拘于当前资源约束，寻求机会，利用和开发不同的资源创造价值的过程

8．目前在我国存在8500万文盲、8000万农村贫困人口、5000万城市贫困人口……他们是弱势群体的主体。对于关注弱势群体，建立健全社会保障体系，下列说法正确的是（　）。

①它是党和政府为解决弱势群体问题而采取的一项有力措施

②能保障民生，应强制该群体参与

③它是维护劳动者合法权益，保护社会安定的根本性措施

④它是坚持以人为本、执政为民的重要体现

A. ①②④　　B. ②③④

C. ①③④　　D. ①②③

9．2012年至2016年，全国教育经费总投入累计近17万亿元，财政对教育投入不断加大，全国教育经费快速增长。对此资料下列理解正确的是（　）。

①保障了公民的受教育权，促进教育事业的发展

②发展教育是当前中心工作

③我国把教育摆在优先发展的战略地位

④我国积极落实科教兴国的战略

A. ①②④　　B. ①③④

C. ②③④　　D. ①②③

10. 2018年1月15日，教育部召开新闻发布会，正式推出490门“国家精品在线开放课程”，首批入选课程可以用“高、广、好、强”四个字概括，即入选的课程质量高、共享范围广、应用效果好、示范性强，从整体上代表了当前我国在线开放课程的最高水平。以下对在线教育说法正确的是（　）。

①国家精品在线开放课程满足人们对优质教育资源的需求，维护教育公平，调动公民接受教育的积极性

②国家精品在线开放课程诸多便利，完全可以代替现有的学校教育模式

③我们在学习网络教育时，应遵守网络规则，尊重他人知识产权

④在线教育的建设和推广耗费大量成本，其实经济投入不划算，不值得推广

A. ①②③　　B. ①③④

C. ②④　　D. ①③

填一填

1. 请同学们根据教材，填写下面内容。

1. 我国现行的职业教育体系包括两部分内容：一是____________，二是____________。

2. 基本医疗保障体系是：____________、____________、____________、____________。

3. 社会保障制度是：____。

4. ____________是社会建设的重大任务，是国家治理的基础。________________________是对传统社会管理理念和体制机制的根本性转变。

2. 你知道什么是“五险一金”吗？查查资料填一填。

内容	内涵	本地区“五险一金”比例
养老保险		
医疗保险		
失业保险		
工伤保险		
生育保险		
住房公积金		

3. 请你填一填我国的社会保障体系内容。

内容	内涵	实施对象
社会保险		
社会救济		
社会福利		
社会优抚		
社会互助		

议一议

1. 下图是我国职业教育体系。职业教育体系可分为学历教育和非学历教育（职业培训）。其中职业学历教育培养周期长，体系化程度高，但受众有限（仅为职业学校在校生）。职业培训其特点是目标集中、周期短，标准化与定制化兼备，且受众广泛。

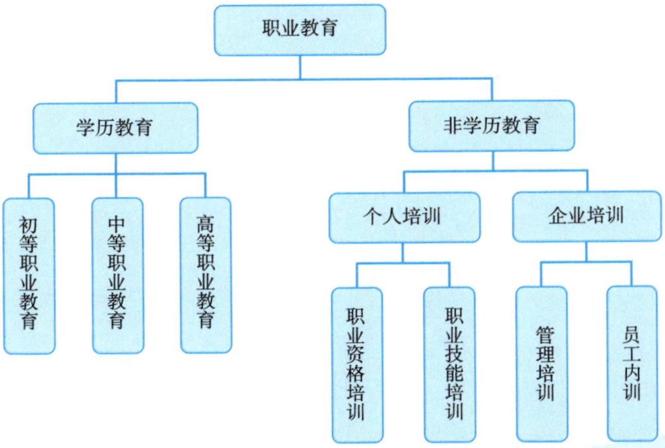

请你谈谈对职业教育的认识：

2. 2017年我国社会保险覆盖范围进一步扩大。截至2017年年底，基本养老、基本医疗、失业、工伤、生育保险参保人数分别达到9.15亿人、11.77亿人、1.88亿人、2.27亿人、1.92亿人；五项基金总收入6.64万亿元，同比增长23.9%，总支出5.69万亿元，同比增长21.4%；全民参保登记信息库已基本建设成型，社会保障卡持卡人数达10.88亿人。其中，全国医疗保险参保人数达到了11.7亿人，与2016年同期相比增长了57.2%，医保覆盖面进一步扩大。从2013—2017年全国医疗保险参保人数不断增长，五年间参保人数翻了一番。

2013—2017年全国医疗保险参保人数统计情况

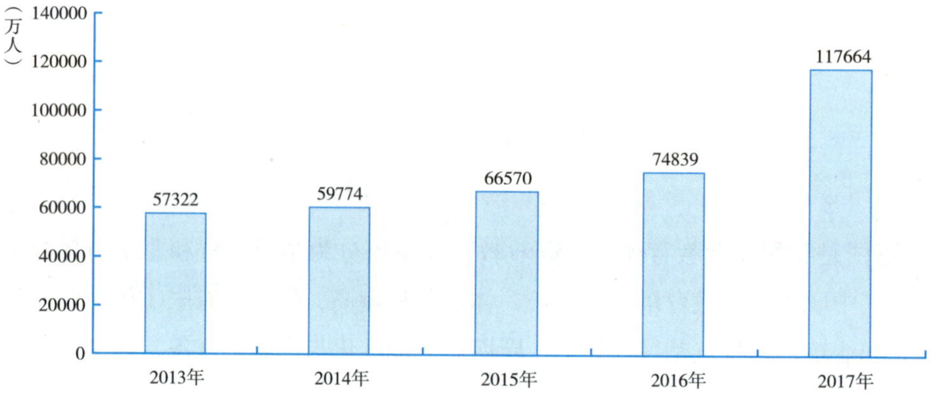

你对“五险一金”的认识：

3. 良好的社会治理是人民美好生活的重要组成部分。党的十九大报告提出要“打造共建共治共享的社会治理格局”，到 2035 年现代社会治理格局基本形成，社会充满活力又和谐有序。

内容	内涵	要求
共建	指两个或两个以上的机构或组织共同建设良好的社会秩序，强调社会治理主体的使命感和责任感	打造共建共治共享的社会治理格局，必须加强社会治理制度建设，必须树立安全发展理念，弘扬生命至上、安全第一的思想，健全公共安全体系，完善安全生产责任制，秉持总体国家安全观，携手织密公共安全网
共治	指优化整合多元力量，调动广大人民群众积极参与社会治理，强调社会治理主体的广泛性和多元性	
共享	指全体人民共同享有社会治理成果，强调社会治理主体都有更多的获得感和幸福感	

请你结合表格内容，谈谈如何提升自身素养，自觉参与“社会治理”活动：______

______

______

______

说一说

1. 2017 年“同心·共铸中国心”阿坝健康扶贫活动持续推进，“同心共铸中国心”大型公益项目自 2008 年发起以来，已组织了 3 万余名以首都医疗专家为主的志愿者队伍，连续 10 年在边疆民族地区进行了大规模的健康志愿服务，捐款捐物近 3 亿元，为 1300 余名先心病儿童进行了免费手术治疗。

请你查询《农村贫困人口大病专项救治工作方案》，说一说农村贫困人口有哪些大病将获集中救治？

______

______

______

______

2.“感谢国家的好政策！让我不花一分钱学费，学到了一技之长。”吉林某职业学校的小邵回忆起离开黑龙江省鹤岗市的家、走进校门的那一幕，心中感慨万千。家里困难，只靠爷爷一人支撑，靠低保救助金维持生活。2015年爷爷病故，原本困难的家庭雪上加霜。“没关系，学校免学费，还能给你申请国家助学金、低保免午餐费项目。”老师的话，让小邵定了心。如今，凭着在物联网技术应用与维护方面的出色表现，他在全国职业院校技能大赛中职组竞赛中一举夺冠，看到了新希望。

请你结合材料说说你身边促进职业教育公平的事情。

3. 2017年春季以来，福建省莆田市高频率举办24场各类招聘会，提供就业岗位涉及医护、机械、化工、电子、会计、市场营销、房地产、旅游、物流等行业，企业用工招聘需求强烈。一些企业特别是扩建、新建企业招聘人数更是达到上百人。不过，许多电子企业却都不约而同地遇到了相同的问题与尴尬，那就是技工荒。我国目前技能人才缺口巨大。日本的产业工人队伍中高级技工占比达四成，德国则达到五成。而在我国，这一比例仅为5%左右。目前，全国高级技工缺口近1000万人。

结合自己的专业和就业前景，谈谈我国为什么要大力发展职业教育？

成长回眸

我学到的内容：________________________________

____

____

我的体会和行动：______________________________

____

____

每课评价：

自我评价：优秀　良好　中等　合格　待提高

组长评价：优秀　良好　中等　合格　待提高

老师寄语：____________________________________

____

____

实践营地

写一写

模拟招聘会

学生分组，模拟多家公司招聘方及多名求职者，并就当地就业情况及社保政策等相关情况做适当准备。在活动开始前，各“公司”招聘方需按当地实际情况在纸面上确定“公司”能提供的福利待遇，“求职者”需按自身实际情况填写好应聘表。“求职者”可以应聘多家“公司”，“公司”方也可以录取多名“求职者”。活动的重点在于招聘方与求职者关于员工社保利益的谈判。

要求："招聘方"对"求职者"的学历、成绩、特长等进行询问，"求职者"向"招聘方"询问公司关于"五险一金"、员工权益的设置等情况。"招聘方"努力提供更好的员工保障来吸引更多的人才，"求职者"努力为自己争取到更多的利益。

自我介绍及求职需求

做一做

我是社会治理一员

全班同学到离学校最近的社区参加社区环境整治活动，对社区卫生死角、绿地内的白色垃圾，车棚、市场、楼道、宣传栏的小广告等进行彻底清理。将活动中的照片发布到班级微信群等展示。为提高社会治理水平做贡献。

社会治理剪影

信息资讯

拓展阅读

党的十九大报告提出打造共建共治共享的社会治理格局的要求，强调要加强社会治理制度建设，加强预防和化解社会矛盾机制建设，完善党委领导、政府负责、社会协同、公众参与、法治保障的社会治理体制，提高社会治理社会化、法治化、智能化、专业化水平。

建设公共安全体系。坚决遏制重特大安全事故频发的势头，树立安全发展理念，进一步整合力量、多措并举，形成齐抓共管的格局，实现事前严把关、事中严管理、事后严追责的全过程防控。特别是要落实安全生产责任制，提升全社会防灾减灾救灾能力，共同建设和谐稳定的平安中国。

建设社会治安防控体系。要以“全域覆盖、全网共享、全时可用、全程可控”为目标，深入推进公共安全视频监控建设联网应用工作，加快实现建设集约化、联网规范化、应用智能化，努力构建全方位的公共安全防护网络，切实保护人民人身权、财产权、人格权。

建设社会心理服务体系。要综合运用思想引导、教育感化和心理疏导等多种手段，大力弘扬和践行社会主义核心价值观，加强公民思想道德建设，培育自尊自信、理性平和、积极向上的良好社会心态。

建设社区治理体系。社区是老百姓日常居住的场所，社区治理是社会治理的基础。要完善以基层党组织为核心、全社会共同参与的基层社会治理新格局，健全城乡社区的服务功能和管理功能，引导驻区单位、社会组织、群团组织等各类社会力量广泛参与，实现政府治理和社会调节、居民自治良性互动。

推荐网站

1. 中国社保网：http://www.spicezee.com

中国社保网服务宗旨为“构建交流平台、提供信息查询、服务百姓生活”，是一个公益性质的社会保险门户网站。每天传递社保新政策、社保新闻、社保知识及社保查询。

2. 中华英才网：http://www.chinahr.com

中华英才网是国内最早、最专业的人才招聘网站之一，其品牌和服务已被个人求职者和企业人力资源部门普遍认可。中华英才网关注个人的职业发展，注重给求职者提供最满意的网上求职服务体验。

第14课

建设中国特色社会主义文化

目标点击

1. 认知：了解中国特色社会主义文化建设的相关知识，理解建设中国特色社会主义文化、培育文明风尚的重要意义。

2. 态度：辨析身边的文化现象，认识不同性质文化的作用，树立对待各种文化的正确态度，树立和坚持中国特色社会主义文化的理念。

3. 运用：正确对待各种文化现象，自觉抵制腐朽文化的侵蚀，坚定中国特色社会主义的文化自信。

知识导航

- 建设中国特色社会主义文化
  - 文化与中国特色社会主义文化
    - 文化的特点和作用
      - 文化的含义及特点
      - 文化在人类社会发展过程中的作用
    - 发展中国特色社会主义文化
      - 中华优秀传统文化、革命文化、社会主义先进文化
      - 中国特色社会主义文化
      - 校园文化、企业文化、网络文化
  - 坚定文化自信，积极践行社会主义核心价值观
    - 文化自信是更深沉的自信
    - 社会主义核心价值观及核心价值体系
    - 积极培育和践行社会主义核心价值观

自主探究

选一选

1. 文化作为人类活动的成果，与人及人类社会密切相关，并在人类社会的发展过程中起着至关重要的作用，关于文化的作用表述正确的有（　）。

①文化为人类提供思维和行为模式，促进人的社会化

②文化为社会发展提供智力支持，丰富人的精神世界

③文化在国家经济建设中起先导作用

④文化是民族凝聚力和创造力的重要源泉；文化为强国之魂

A. ①②③　　B. ①②③④　　C. ②③④　　D. ①③④

2. 文化是人类社会不可缺少的重要内容，是社会进步的重要标志。经济全球化虽对各民族文化产生了巨大冲击，但不可能消灭它们之间的差异，地球不会因为称为“地球村”而拥有完全一致的价值观。这说明（　）。

A. 文化作为民族共同心理素质的载体具有稳定性

B. 文化是识别和划分民族的基本依据

C. 民族是历史上形成的稳定的人们共同体

D. 民族文化是民族共同经济生活在精神面貌上的反映

3. 某村有一“风水宝地”，村民们担心在此地上耕种会招致灾祸。村干部不信邪，带头承包了“风水宝地”，不仅没有遭灾，反而获得了可观的收入。针对上述情况，当地政府应该（　）。

A. 认真贯彻宗教信仰自由政策

B. 加强社会主义精神文明建设

C. 完善土地承包责任制

D. 加大对农业的投入

4. 社会主义是物质文明、政治文明、精神文明和社会文明全面发展、全面进步的社会。其中，为社会主义现代化建设提供精神动力和智力支持的是（　）。

A. 物质文明

B. 精神文明

C. 政治文明

D. 社会文明

5. “砥砺奋进的五年”大型成就展上，“人类命运共同体”的理念越来越多地得到国际社会的认同，“一带一路”倡议为世界发展注入了新的动力。独特的中华文化吸引了越来越多的外国朋友，学习汉语的外国友人数超过了1亿。这说明了（　）。

①我国的国际地位日益提高，国际影响力与日俱增

②作为文明古国，中华文化是世界上最优秀的文化

③中国的发展离不开世界，世界的发展离不开中国

④作为发达的社会主义国家，中国担负起了引领世界的责任

A. ①②　　B. ③④　　C. ①③　　D. ②④

6. 电影《摔跤吧！爸爸》励志感人，讲述了印度著名摔跤手将两个女儿训练成优秀摔跤运动员的故事。我国下列诗句中与电影主题一致的是（　）。

A. 人生自古谁无死，留取丹青照汗青

B. 宝剑锋从磨砺出，梅花香自苦寒来

C. 不识庐山真面目，只缘身在此山中

D. 采得百花成蜜后，为谁辛苦为谁甜

7. 社会主义核心价值体系包括（　）。

①马克思主义指导思想

②中国特色社会主义共同理想

③以爱国主义为核心的民族精神

④ 以改革创新为核心的时代精神、社会主义荣辱观

A. ①②④　　B. ①②③　　C. ①②③④　　D. ②③④

8. 体现社会主义核心价值观在价值导向上的定位，立足社会层面的要求是（　）。

A. 富强、民主、文明、和谐

B. 自由、平等、公正、法治

C. 爱国、敬业、诚信、友善

D. 富强、和谐、自由、敬业

9.（　）是社会主义核心价值体系的内核，体现社会主义核心价值体系的根本性质和基本特征，反映社会主义核心价值体系的丰富内涵和实践要求，是社会主义核心价值体系的高度凝练和集中表达。

A. 社会主义核心价值观

B. 马克思主义指导思想

C. 中国特色社会主义共同理想

D. 民族精神和时代精神

10. 举办戏曲节、读书节、国学诵读比赛等活动强化国学在学生中的普及，大大提升了德育教学质量。如今走进木兰县的中小学校园，看到的是彬彬有礼的学生，听到的是悠悠古韵和朗朗读书声。传统文化进校园（　）。

①丰富了校园文化生活内容

②有利于弘扬中华传统文化

③会分散学生上课的注意力

④有利于提高文化的认同感

A. ①②③　　B. ①②　　C. ①②④　　D. ②④

填一填

1. 请同学们根据教材，填写下面内容。

1. 中国特色社会主义文化是：____

____。

2. 革命文化是：____

____。

3. 社会主义先进文化是：____

____。

4. 社会主义核心价值体系包括四个方面的基本内容，即________________

________________、________________________、________

________________和以改革创新为核心的时代精神、________________

________________。

2. 请你填一填文化的内涵、特点和作用。

	内容	举例说明
文化的内涵		

续表

	内容	举例说明
文化的特点		
文化的作用		

3. 请你填一填中华传统文化和中国特色社会主义文化的内涵和联系。

	中华传统文化	中国特色社会主义文化
内涵		
联系		

议一议

1. 下图是汉字“文”的书写变化过程，从中我们可以解读出什么？

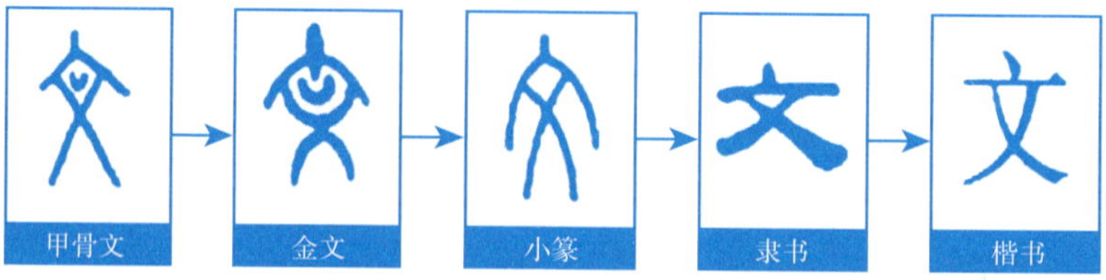

2. 文化是民族的血脉，是人民的精神家园。作为社会生活三大基本领域之一的文化生活逐步走向产业化，并已成为世界经济中的支柱产业之一。近五年中国文化及相关产业占 GDP 比重逐年上升。

近 5 年中国文化及相关产业增加值情况

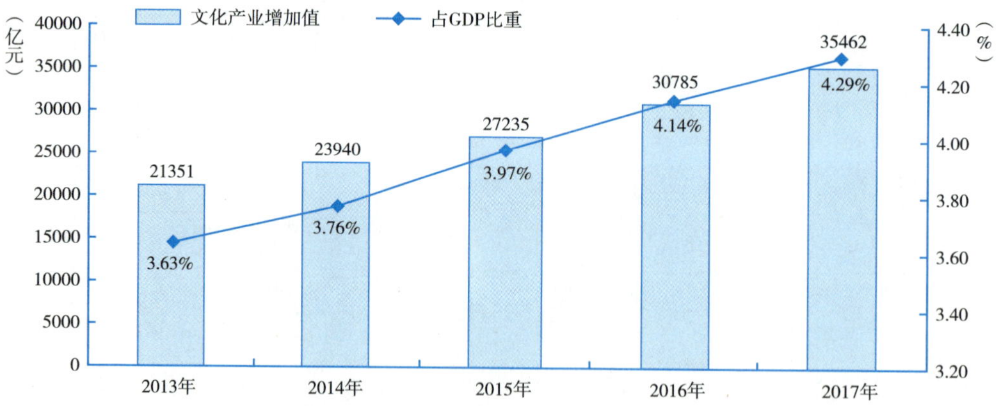

你在日常生活中都有哪些文化消费？并请你对如何更好地满足青少年的文化需求提出合理化建议：________

____

____

____

3. 社会主义核心价值观是社会主义核心价值体系的内核，是社会主义核心价值体系的高度凝练和集中表达。

社会主义**核心**价值观

人民有信仰 国家有力量

公民 富强 民主 文明 和谐

社会 自由 平等 公正 法治

国家 爱国 敬业 诚信 友善

请你结合所学内容，谈谈我们应如何践行社会主义核心价值观：________

____

____

____

说一说

1. 五月五日端午节，赛龙船。龙船形如柳叶，船头船尾刻有彩色的龙头和龙尾。水手们穿红着绿，一人击鼓，一人举旗，阵容整齐。比赛开始，锣鼓齐鸣。但见水手们和着鼓声，桨起桨落，动作刚劲。龙船如飞，争先恐后，紧张激烈，岸上的人也拼命地呐喊助威，场面蔚为壮观。请你结合材料说一说我们应如何大力弘扬中国的传统文化。

2. 随着通信技术与互联网技术的高速发展，人们第一时间获取信息的方式已从传统媒体更多地转向了以微博、微信、客户端为主的网络新媒体。每天大量社会热点都是在网络媒体上迅速生成、扩散、发酵的，加之新媒体的快捷性、虚拟性、趋利性，常常导致各种信息真假难辨，在信息传递、符号表达、情感沟通、利益碰撞背后，我们应如何进行网络文化建设？

3. 2018年的春节，春晚全景展示了一个充满年俗味、科技感和“国际范儿”的新年。除夕之夜，春晚舞台上中外群星共唱《我爱你中国》，多国领导人祝福中国。“欢乐春节”活动遍及140个国家和地区，受众近30亿人；全球2300余座城市数以亿计的人通过信息技术手段参与具有中国特色的“集福送红包”等春节活动。在世界很多地方，春节正成为本土化节日。

请你运用所学知识，分析我国文化为什么能够如此自信地走向世界。

成长回眸

我学到的内容：

我的体会和行动：

每课评价：

自我评价：优秀　良好　中等　合格　待提高

组长评价：优秀　良好　中等　合格　待提高

老师寄语：

实践营地

辩一辩

辩论赛

互联网催生了网络语言，一些社会学家认为，网络语言从某种角度上折射了时代的进步、社会的繁荣。但是语言文字专家却并不为此欣喜，他们认为，语言文字魅力和风采应该符合规范并给人美的享受。而网络语言可以在一定范围内流传，但大力推广就不恰当了。

全班分两组进行。就网络语言到底该不该进入我们的语言文化为辩论题目，各小组成员查找资料，写出辩论基本观点。

辩论要点

走一走

征集老物件照片

石墩、木门、古式小推车……老物件承载着记忆，记录着历史，是一种历史文化符号。为更好地传承民俗文化，全班同学分组深入到乡村、社区走访，拍老物件照片。返校后召开传承民俗文化主题班会，通过老物件照片，展现特色文化元素。

老物件说明

____

____

____

____

____

____

____

____

信息资讯

拓展阅读

中国特色社会主义文化之所以在世界文化中独树一帜、大放异彩，就在于它经过历史长河的洗练、艰难困苦的磨砺、辉煌实践的孕育，是最有韧性、最具内涵、最富力量的文化。因而中国特色社会主义文化最有理由、最有底气充满自信。

自信从历史中来。中华文化博大精深、源远流长，上下五千年、纵横八万里，涌现了孔孟老庄、程朱陆王等一大批思想巨擘，留下了浩如烟海的文化典籍和遗产。中华文明是世界上唯一没有中断的既古老又年轻的文明，是中华民族最独特的精神标识和文化基因，历经数千年风雨洗礼依然挺立、生机勃勃，在人类文明的灿烂星空中闪烁着最耀眼的光芒。这是我们坚定文化自信的深厚基础。

自信从奋斗中来。“梅花香自苦寒来”。中国特色社会主义文化之所以散发出无穷魅力，就在于它源自用鲜血和汗水熔铸的革命文化和社会主义先进文化，是在长期艰苦奋斗中不断升华的文化精华。从红船精神、长征精神、延安精神、西柏坡精神，到雷锋精神、铁人精神、“两弹一星”精神，再到载人航天精神、抗震救灾精神、塞罕坝精神……这些宝贵的精神财富，是推动革命建设改革事业不断向前发展的强大精神动力，是中国共产党和中国人民伟大创造精神的生动体现。这是我们坚定文化自信的坚强基石。

自信从实践中来。新中国成立之初，毛泽东同志曾预言：“随着经济建设的高潮的到来，不可避免地将要出现一个文化建设的高潮。”今天，这个预言正在变为现实。改革开放以来，在中国特色社会主义伟大实践中，中国道路不断拓展，中国理论不断丰富，中国制度不断完善，创造了世所罕见的“中国奇迹”，大大增强了中国特色社会主义文化的吸引力和影响力。这是我们坚定文化自信的现实支撑。

推荐网站

1. 中国文化网：http://www.chinaculture.org

中国文化网由中华人民共和国文化部对外文化联络局主办、中国日报网站承办，是中国第一家最全面、最丰富、最权威的多语种文化网站，它为世界了解中国、中华民族以及中国文化架起了桥梁。网站包括二十多个频道。

2. 中国电视网 国学频道：http://bbs.tv.cn/channel/gxtv

国学频道是国家广电总局批准成立的面向全国播出的数字电视频道，以继承和传播中国传统文化为己任，将五千年积淀的“中国智慧”形象化、通俗化，是国内目前唯一一家以国学经典、传统文化、美术等为传播内容的专业电视频道。

第15课

建设社会主义现代化强国人人有责

目标点击

1. 认知：了解中国特色社会主义事业的总体布局和构建社会主义现代化强国的总要求，理解中国特色社会主义进入新时代的含义，理解习近平新时代中国特色社会主义思想的核心内容。

2. 态度：提升对社会主义事业总体布局的认识；认同构建社会主义现代化强国的总要求，深刻领悟习近平新时代社会主义思想，自觉提升投身中国特色社会主义现代化强国建设观念。

3. 运用：明确使命、志存高远、勤奋学习、投身实践，积极参与和谐美好社会建设的各项活动，运用习近平新时代社会主义思想作指导，自觉投身社会主义现代化强国建设之中。

知识导航

建设社会主义现代化强国人人有责

- 凝聚在中国特色社会主义伟大旗帜下
  - 中国特色社会主义事业总体布局
    - 五位一体总体布局
    - “五大建设”辩证关系
  - 中国特色社会主义进入新时代
    - 进入新时代的意义
    - 党的基本路线是当代中国发展必须遵循的根本路线
- 习近平新时代中国特色社会主义思想
  - 习近平新时代中国特色社会主义思想的核心内容
    - 八个明确的内容
    - 十四个坚持的内容
  - 习近平新时代中国特色社会主义思想的历史贡献
    - 开辟了马克思主义新境界
    - 开辟了中国特色社会主义新境界
    - 开辟了治国理政新境界
    - 开辟了管党治党新境界
- 积极推进社会主义现代化国家建设
  - 新时代中国特色社会主义现代化建设目标
  - 加快建设改革开放创新型国家
    - 创新型国家的概念
    - 创新型国家的特征
  - 自觉投身中国特色社会主义现代化强国建设
    - 明确使命
    - 志存高远
    - 勤奋学习
    - 投身实践

自主探究

选一选

1. 中国特色社会主义事业“五位一体”总体布局指（　）。

A. 政治建设、文化建设、理论建设和社会建设

B. 政治建设、文化建设、思想道德建设和社会建设

C. 政治建设、文化建设、思想道德建设和生态文明建设

D. 经济建设、政治建设、文化建设、社会建设和生态文明建设

2. 我国是世界上最大的发展中国家，目前我国的基本国情仍是处于并将长期处于（　）。

A. 社会主义阶段　　B. 社会主义高级阶段

C. 社会主义发达阶段　　D. 社会主义初级阶段

3. 习近平新时代中国特色社会主义思想的贡献有（　）。

①开辟了马克思主义新境界

②开辟了中国特色社会主义新境界

③开辟了治国理政新境界

④ 开辟了管党治党新境界

A. ①②③④　　B. ①②③　　C. ①②④　　D. ②③④

4. 中国特色社会主义进入了新时代，这是我国发展新的历史方位。意味着近代以来久经磨难的中华民族迎来了（　）。

A. 从站起来、富起来到强起来的伟大飞跃

B. 站起来、富起来的伟大飞跃

C. 富起来、跑起来的伟大飞跃

D. 站起来、强起来的伟大飞跃

5. 习近平新时代中国特色社会主义思想，是（　）的继承和发展。

A. 马克思列宁主义、毛泽东思想、邓小平理论、“三个代表”重要思想、科学发展观

B. 毛泽东思想、邓小平理论、“三个代表”重要思想、科学发展观

C. 马克思列宁主义、毛泽东思想、邓小平理论

D. 马克思列宁主义、毛泽东思想、邓小平理论、“三个代表”重要思想

6. “八个明确”中强调明确中国特色大国外交要推动构建新型国际关系，推动构建（　）。

A. 人类命运共同体　　B. 美丽新中国

C. 世界超级大国形象　　D. 世界新格局

7. 十四个坚持回答了新时代怎样坚持和发展中国特色社会主义，它包括（　）。

①坚持党对一切工作的领导

②坚持全面依法治国

③坚持在发展中保障和改善民生

④坚持新发展理念

A. ①②④　　B ①③④　　C. ③④　　D. ①②③④

8. 创新型国家是指那些将科技创新作为基本战略，大幅度提高科技创新能力，形成日益强大竞争优势的国家。作为创新型国家，应具备的特征包括（　）。

①创新投入高

②科技进步贡献率达 70% 以上

③自主创新能力强

④创新产出高

A. ①②③④　　B. ①②③　　C. ①②④　　D. ②③④

9. 作为新时代的青年学生，我们应积极投身于中国特色社会主义现代化强国建设的热潮中去，自觉做到（　）。

①明确使命

②志存高远

③勤奋学习

④ 投身实践

A. ②③④　　B. ①②③　　C. ①②④　　D. ①②③④

10. “红船精神”产生于中国共产党创建的历史实践，见证了党的诞生，高度凝练地概括和表达了共产党人“为中国人民谋幸福，为中华民族谋复兴”的初心和使命。“红船精神”是（　）。

A. 共产党人的首创精神、奋斗精神和奉献精神

B. 时代精神的集中体现

C. 构筑了先进文化建设的基础工程

D. 贯穿于我国五千多年的发展历程中

填一填

1. 请同学们根据教材，填写下面内容。

1. 中国特色社会主义事业的总体布局是经济建设、________、________、________和________“五位一体”。

2. 党的基本路线是：________

3. 习近平新时代中国特色社会主义思想核心要义是________，最核心的内容是________和________

4. 创新型国家是指：________

2. 请你填写中国特色社会主义事业的“五位一体”总体布局的内涵及联系。

	经济建设	政治建设	文化建设	社会建设	生态文明建设
内涵					
联系					

3. 习近平新时代中国特色社会主义思想的内涵非常丰富，请你填一填八个明确的具体内容。

	八个明确具体内容
总任务	
总依据	
总体布局	
改革目标	
法治保障	
稳定力量	
外部环境	
根本保证	

议一议

1. 幸福是一个古老的话题，千百年来，人类一直在探索它的真谛。下图为对京沪穗三市居民幸福感的调查。

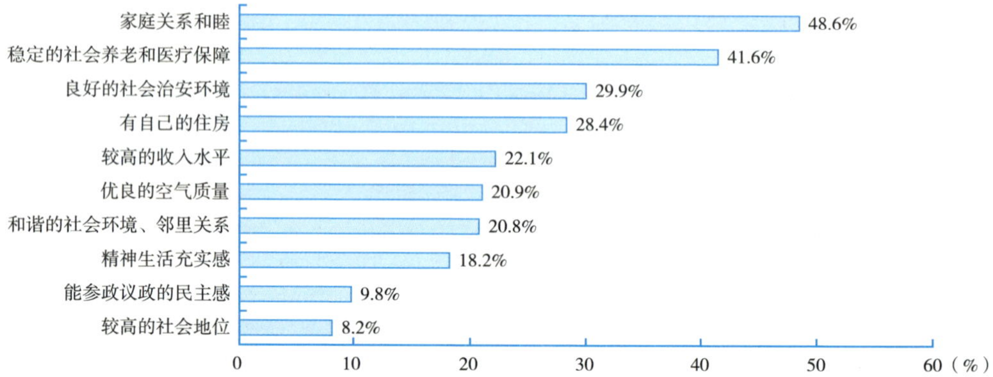

请你运用所学的知识分析居民对幸福生活的期盼：______

______

______

______

2. 为加快建设改革开放创新型国家，2017年我国研究与试验发展经费支出17500亿元，比上年增长11.6%，与国内生产总值之比为2.12%，其中基础研究经费920亿元。全年国家重点研发计划共安排42个重点专项1115个科技项目，国家科技重大专项共安排454个课题，国家自然科学基金共资助43935个项目。截至年底，累计建设国家重点实验室503个，国家工程研究中心131个，国家工程实验室217个，国家企业技术中心1276家。国家科技成果转化引导基金累计设立5只子基金，资金总规模247.2亿元。创新型国家建设成果丰硕，中职学生也应努力使自己成为创新型人才。

2013—2017年研究与试验发展（R&D）经费支出及其增长速度

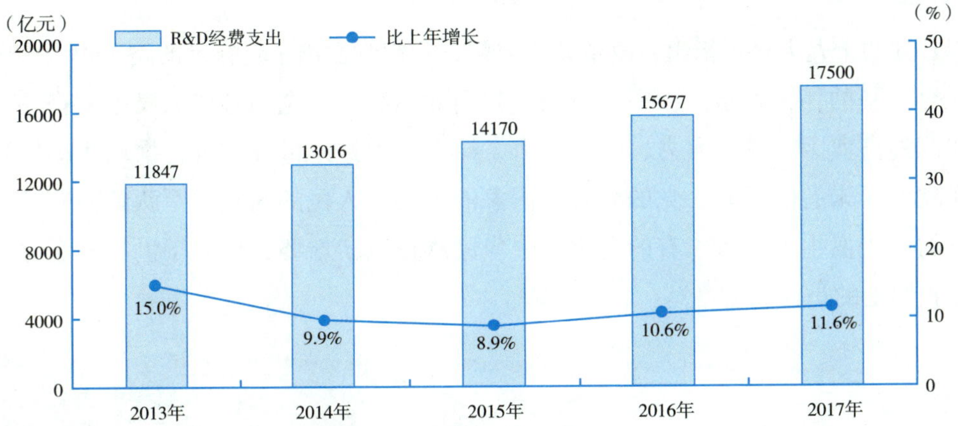

请你谈谈创新型国家的特征是什么：________________________________

____

____

____

3. 新华网联合《半月谈》杂志社开展了“建设和谐美丽中国，我们应该怎么做”的网络调查。调查结果如下：

做法	生活要绿色	降低能耗	发展绿色产业	生态立法	加大环保力度	增加生态投入
比例	73.3%	60.7%	61.6%	63.1%	75.1%	51.3%

从网络调查结果看，网民对个人生活期待：________________________________

____

对企业期待：____

____

对政府期待：____

____

说一说

1. 党的十九大报告指出：改革开放之初，我们党发出了走自己的路、建设中国特色社会主义的伟大号召。从那时以来，我们党团结带领全国各族人民不懈奋斗，推动我国经济实力、科技实力、国防实力、综合国力进入世界前列，推动我国国际地位实现前所未有的提升，党的面貌、国家的面貌、人民的面貌、军队的面貌、中华民族的面貌发生了前所未有的变化，中华民族正以崭新姿态屹立于世界的东方。请简述我们走的是什么道路？

2. 党的十九大报告提出的“美丽中国”引起外媒关注。英国《卫报》报道称，习近平花了大量时间调研环境治理问题，推动生态文明建设是他把中国建设得伟大强盛的努力之一，习近平承诺将加快生态文明体制改革，建设美丽中国。请你结合材料，对国家推进建设“美丽中国”进行分析，提出你的建议。

3. 两个百年奋斗目标是到建党一百年时建成经济更加发展、民主更加健全、科教更加进步、文化更加繁荣、社会更加和谐、人民生活更加殷实的小康社会，然后再奋斗三十年，到新中国成立一百年时，基本实现现代化，把我国建成社会主义现代化强国。两个百年奋斗目标清晰标示实现中国梦的战略步骤、历史任务和实践方向，呈现出步步推进、行稳致远的历史发展脉络。请你说说，作为青年学生，我们为全面建成小康社会、实现中国梦应该做出哪些努力？

成长回眸

我学到的内容：

我的体会和行动：

每课评价：

自我评价：优秀　良好　中等　合格　待提高

组长评价：优秀　良好　中等　合格　待提高

老师寄语：______

______

______

实践营地

赛一赛

“我以青春报祖国”主题演讲

为进一步宣传学习习近平新时代中国特色社会主义思想，引导同学主动思考如何在新时代建功立业，激发同学们自觉把个人前途与国家命运紧密联系在一起，组织“我以青春报祖国”主题演讲活动。

以组为单位，选出代表，采取限时演讲，时限5分钟以内。采用抽签顺序制，参赛选手按抽签次序依次上台演讲。演讲内容必须与既定主题相符，演讲稿须为原创稿。

演讲稿提纲

______

______

______

______

展一展

国产产品推介会

标准动车组“复兴号”投入运营，迈出了中国高铁“从追赶到领跑”的关键一步；海军新型驱逐舰首舰下水，成为海军实现战略转型发展的标志性战舰。连日来，大国重器频频亮相，中国制造在高端领域给人的印象足够深刻。不过，还是有一些人以老眼光看中国制造，仿佛始终摆脱不了“山寨”的刻板印象。

在校内开展一次国产产品推介会，搜集相关图片及资料，从性能、价格、配套产品及服务、售后维护等方面向同学们推荐介绍你所知道的优秀国产产品，并回答同学们的提问。

推介会资料

图片

信息资讯

拓展阅读

中国特色社会主义进入了新时代，是我国发展新的历史方位。对中华民族来说，这是迎来实现伟大复兴光明前景的新时代。近代以来，西方列强的坚船利炮打开了中国的大门，中国人民遭受了战乱频仍、山河破碎、民不聊生的深重苦难，中华民族陷入了深沉的黑暗之中。为了改变悲惨命运，中国共产党带领人民浴血奋战、艰辛探索、开拓创新，取得了革命、建设和改革的一个个胜利，使久经磨难的中华民族迎来了从站起来、富起来到强起来的伟大飞跃。身处新时代，中华民族从未像今天这样扬眉吐气、傲立东方，中国人民从未像今天这样自信满满、豪情万丈。对整个世界来说，这是中国为解决人类问题贡献智慧和方案的新时代。

现代化，是人类社会文明进步的重要标志，是世界各国特别是发展中国家孜孜以求的目标。一段时间以来，西方国家曾宣称，欧美模式是走向现代化的唯一途径，除此之外别无他途。然而欧美模式并没有带来现代化的福音，反而使一些国家尝尽了照搬西方模式的苦果。相比之下，中国特色社会主义道路越走越宽广，道路自信、理论自信、制度自信、文化自信“四个自信”不断彰显，开创了一条迥异于西方的走向现代化之路。事实证明，走向现代化的路径不是唯一的，中国道路为世界上那些既希望加快发展又希望保持自身独立性的国家和民族提供了全新选择。

推荐网站

1. 新华网：http://www.xinhuanet.com

新华网是国家通讯社新华社主办的综合新闻信息服务门户网站，是中国最具影响力的网络媒体和具有全球影响力的中文网站，新华网总网中文频道共七十多个，包括新华时政、新华国际、新华财经、新华论坛、新华娱乐、新华信息化、新华港澳、新华教育等，是全球网民了解中国的最重要窗口。

2. 人民网：http://www.people.com.cn

人民网创办于1997年1月1日，是世界十大报纸之一《人民日报》建设的以新闻为主的大型网上信息交互平台，也是国际互联网上最大的综合性网络媒体之一。每天24小时在第一时间向全球网民发布丰富多彩的信息，内容包括政治、经济、社会、文化等各个领域。